U0831040

ZHISHENG ZHI DAO

制胜之道

总主编
曹健华

坚持中国道路

JIANCHI ZHONGGUO DAOLU

湖南教育出版社·长沙

总 主 编 曹健华

副总主编 吴厚庆 蔡文辉 刘 艺

编 委 会 （按姓氏笔画排序）

王 晔 王 蔚 王海峰 艾医卫 伍先禄 刘 艺
刘新民 李美玲 吴厚庆 何良安 易 武 胡新良
曹健华 谢兵良 蔡文辉 霍修勇

本册主编 王海峰

本册副主编 周爱民 王芝华

本册作者 秦 勃 王芝华 王海峰 龙 转 毛文璐 周爱民

序　言

中国特色社会主义进入新时代，以习近平同志为主要代表的中国共产党人坚持把马克思主义基本原理同中国具体实际相结合、同中华优秀传统文化相结合，坚持毛泽东思想、邓小平理论、“三个代表”重要思想、科学发展观，深刻总结并充分运用党成立以来的历史经验，从新的实际出发，创立了习近平新时代中国特色社会主义思想。为贯彻落实习近平新时代中国特色社会主义思想，党中央就学习党的历史、总结历史经验作出了一系列重大部署。

2021 年 2 月 20 日，党中央启动党史学习教育，要求全党同志做到学史明理、学史增信、学史崇德、学史力行，学党史、悟思想、办实事、开新局，以昂扬姿态奋力开启全面建设社会主义现代化国家新征程，以优异成绩迎接建党100周年。7月1日，习近平总书记在庆祝中国共产党成立100周年大会上发表重要讲话，回顾了党的百年历史、总结了伟大成就、提出了“九个必须”的根本要求。11月8日至11日，党的十九届六中全会召开，审议通过的《中共中央关于党的百年奋斗重大成就和历史经验的决议》提出：一百年来，党领导人民进行伟大奋斗，在进取中突破，于挫折中奋起，从总结中提高，积累了宝贵的历史经验。这就是坚持党的领导，坚持人民至上，坚持理论创新，坚持独立自主，坚持中国道路，坚持胸怀天下，坚持开拓创新，坚持敢于斗争，坚持统一战线，坚持自我革命。以上十个方面，是经过长期实践积累的宝贵经验，是党和人民共同创造的精神财富，必须倍加珍惜、长期坚持，并在新时代实践中不断丰富和发展。

中国共产党全面总结党的百年奋斗重大成就和历史经验，对推动全党进一步统一思想、统一意志、统一行动，团结带领全国各族人民夺取新时代中国特色社会主义新的伟大胜利，具有重大现实意义和深远历史意义。决议有助于党员干部增强“四个意识”，坚定“四个自信”，做到“两个维护”，捍卫“两个确立”。当前和今后一段时间，学习宣传阐释党的十九届六中全会精神是一项重要政治任务，广大理论工作者尤其是党校理论工作者必须在这一关键时刻担当使命，积极作为。正是因为有了这种责任感和使命感，中共湖南省委党校（湖南行政学院）、韶山干部学院在党的十九届六中全会召开后就积极行动起来，校（院）委第一时间传达会议精神，专家学者们在湖南卫视、湖南经视、红网等主流媒体进行解读，13 位省委党校的专家学者入选湖南省十九届六中全会精神宣讲团。为了给广大党员干部提供鲜活的学习教材，省委党校、韶山干部学院发挥师资力量雄厚、研究基础良好、善于团结协作的优势，编辑出版了“制胜之道”丛书。

该丛书以习近平新时代中国特色社会主义思想为指导，对《中共中央关于党的百年奋斗重大成就和历史经验的决议》提出的十条历史经验进行全面系统深入学习研究。丛书对标决议原文、立足百年党史、着眼重大成就，以宏阔的视野阐释百年历史经验，包括其重大意义、形成条件、基本内涵、实践基础、时代要求等内容，力求用活泼的语言表达深邃的思想、用严谨的逻辑彰显理论的魅力、用生动的案例印证历史的规律，做到权威性、理论性、可读性、趣味性有机融合，使之成为一套雅俗共赏的丛书，引导党员干部和广大人民群众学原文悟原理，切实汲取历史智慧、洞悉历史规律、掌握历史主动，进一步增强党史自信，旗帜鲜明抵制历史虚无主义，真正实现正本清源、固本培元。

回首来时路，我们热血沸腾、心潮澎湃。眺望前行路，我们壮志在胸、豪情满怀。让我们更加紧密地团结在以习近平同志为核心的党中央周围，勿忘昨天的苦难辉煌，无愧今天的使命担当，不负明天的伟大梦想，以史为鉴、开创未来，全面落实“三高四新”战略定位和使命任务，为全面建设富强民主文明和谐美丽的社会主义现代化新湖南不懈奋斗！为实现中华民族伟大复兴的中国梦奋勇前进！

编者

2022 年 1 月

前　言

方向决定道路，道路决定命运。习近平总书记深刻指出："一切成功发展振兴的民族，都是找到了适合自己实际的道路的民族。"党在百年奋斗中始终坚持从我国国情出发，探索并形成符合中国实际的正确道路，这条道路就是中国特色社会主义道路。中国特色社会主义道路是创造人民美好生活、实现中华民族伟大复兴的康庄大道。

中国道路是在改革开放 40 多年的伟大实践中走出来的，是在中华人民共和国成立 70 多年的持续探索中走出来的，是在对近代以来 180 多年中华民族发展历程的深刻总结中走出来的，是在对中华民族5000多年悠久文明的传承中走出来的，具有深厚的历史渊源和广泛的现实基础。中国道路是我们党把马克思主义基本原理同中国具体实际相结合、同中华优秀传统文化相结合取得的根本成就，是我们党对中国基本国情、中国最大实际的深刻把握，是党对中国革命、建设和改革历史经验的深刻总结。今天，中华民族向世界展现的是一派欣欣向荣的气象，巍然屹立于世界东方，中国道路创造了经济快速发展和社会长期稳定两大奇迹，中国道路开创了世界社会主义无限发展的空间，中国道路开辟了人类现代化新道路，中国道路创造了人类文明新形态，正在对人类社会更好制度的探索贡献力量与智慧。

要理解中国道路，就要从中国来把握中国，把握中国的历史、文化、社会，把握中国发展的基因、特质、模式，把握中国式现代化与现代化国家建设的理论、逻辑、实践。更为重要的是，认识和把握中国道路，就要把中国道路的逻辑与人类社会发展的规律、社会主义建设规律、共产党执政规律有机结合起来，就要深刻把握中国现代化的运行轨迹、基本特点与发展趋势，就要深刻把握中国现代化国家建设的价值原则、组织体系与制度结构，就要深刻把握中国特色社会主义的历史逻辑、理论逻辑与实践逻辑。基于此，我们编写《坚持中国道路》一书，以对“党与中华民族伟大复兴”这个宏伟重大课题作通俗化解读和尝试性探索。

王海峰

2022 年 1 月

目　录

第一章

党领导人民开辟了中国道路

党在百年奋斗中始终坚持从我国国情出发，探索并形成符合中国实际的正确道路。

一、近代中国社会的深重危机

1. 中华民族遭受了前所未有的劫难

中国是一个有着 5000 多年悠久历史的文明古国。中华民族以自己的勤劳和智慧，曾经创造了在世界上领先的古代文明和辉煌的历史文化，为人类文明作出过巨大贡献。但到了近代，中国却落伍了。17 世纪中叶以后，西方一些国家先后爆发资产阶级革命，并相继完成工业革命，在新的生产方式推动下迅速强大起来。资产阶级经过血与火的原始积累和殖民掠夺，在它不到一百年的阶级统治中所创造的生产力，比过去一切时代创造的全部生产力还要多，还要大。如自然力的征服，机器的采用，化学在工业和农业中的应用，轮船的行驶，铁路的通行，电报的使用，整个大陆的开垦，河川的通航，等等。生产力的巨大发展，使得人类社会的物质文明和精神文明发生了历史性的改变。资产阶级为了获取更大的利益，在全球范围内加紧进行侵略扩张和殖民掠夺。幅员辽阔、资源丰富、人口众多的中国，自然成了西方列强垂涎和争夺的市场。清王朝统治者此时对世界大势茫然不知，仍然自诩为“天朝上国”，将中国以外的国家一概视为“夷狄蛮貊”，把西方先进的科技成果斥为“奇技淫巧”，不屑一顾。自身的经济、政治、军事、文化全面滞后，却又虚骄、傲慢、冥顽不化。到 19 世纪三四十年代，清王朝由盛而衰的颓势愈益加深，政治腐败，军备废弛，财政拮据，社会动荡，陷入危机四伏的境地。

落后就要挨打。1840 年，急于向海外扩张的欧洲资本主义强国——英国，发动侵略中国的鸦片战争，用炮舰轰开中国的大门。腐朽落后的清军虽有数量上的优势，又在本土作战，却抵挡不住英军坚船利炮的猛烈进攻，广州、厦门、定海、镇海、宁波、上海、镇江相继失陷。1842 年 8 月，英军直逼南京城下，迫使清政府屈服，订立了中国近代历史上第一个丧权辱国的不平等条约——中英《南京条约》。中国割让香港，开放广州、厦门、福州、宁波、上海为通商口岸，赔款 2100 万银元。

鸦片战争成为中国历史的转折点。从此，西方侵略者纷至沓来，穷凶极恶地发动一次又一次对中国的战争，迫使清政府妥协就范，把中国一步一步地推入半殖民地的深渊。通过两次鸦片战争、中法战争、中日甲午战争、八国联军侵华战争等野蛮侵略，西方列强迫使中国签订了一系列不平等条约，中国逐步沦为半殖民地半封建社会。国家蒙辱、人民蒙难、文明蒙尘，中华民族面临着空前严重的民族危机。西方资本主义的入侵，激化了中国社会各种矛盾，封建制度加速衰朽。曾作为世界强国的清王朝，不仅无力抵抗列强的侵略掠夺，维护国家主权和领土完整，反而逐渐沦为帝国主义的帮凶，“量中华之物力，结与国之欢心”，极力维护摇摇欲坠的统治。封建统治阶级运用一切手段——行政的、暴力的、文化的、宗法的，残酷打击和扼杀任何可能动摇封建统治根基的社会发展新因素，变本加厉地盘剥农民，不顾一切地压榨人民血汗，成为中国发展进步的严重障碍。

帝国主义与中华民族的矛盾、封建主义与人民大众的矛盾，成为近代中国社会的主要矛盾，决定了近代中国半殖民地半封建社会性质。

推翻帝国主义和封建主义的统治，实现民族独立和人民解放，实现国家繁荣富强和人民共同富裕，是中国人民面临的两大历史任务。完成这两大历史任务、实现中华民族伟大复兴，成为近代以来中国人民和中华民族不懈追求的最伟大梦想。

2. 各种救国方案轮番出台

从鸦片战争开始，为了反抗统治阶级的压迫、挽救民族危亡，中国人民进行了艰苦卓绝的不懈奋斗和可歌可泣的英勇斗争。1851 年，爆发了洪秀全领导的太平天国农民革命运动。太平天国运动历时 14 年，席卷 18 个省，攻克 600 多座城市，在南京建立了与清王朝相对峙的太平天国政权，颁布了中国农民运动史上第一个完整的土地纲领——《天朝田亩制度》。太平天国的这一土地纲领虽因带有很大的空想色彩而在实践中难以施行，但它反映了千百年来农民要求得到土地的强烈愿望，对于发动和鼓舞广大农民起来参加反封建斗争起了积极的作用。太平天国运动规模之大，发展之快，组织制度之完备，斗争威力之大，都达到了中国旧式农民战争的巅峰。但是，农民阶级提不出科学的有远见的斗争纲领，也不可能战胜强大的敌人。在中外反动势力的联合镇压下，他们的斗争一次又一次地以失败告终。太平天国和义和团的历史悲剧有力地证明，在半殖民地半封建的中国，农民固然是一支强大的反帝反封建的主力军，但如果没有先进阶级的领导，是不可能完成反帝反封建的历史任务的。

甲午战争以后，以康有为、梁启超、谭嗣同为代表的资产阶级维新派首先奋起，以“救亡图存”为号召，于1898年（农历戊戌年）发动了一场颇具声势的变法维新运动。他们试图按照英、日等资本主义国家的模式，在中国实行以建立君主立宪制、发展资本主义为最终目标的自上而下的政治改革。在短短的 103 天中，维新派通过光绪皇帝发布了 100 多道变法诏令、谕令，内容包括保护和奖励农工商业、废除八股文、兴办学校、裁汰冗员、澄清吏治、广开言路、准许组织学会和开设报馆、给予出版言论自由等。但是，由于资产阶级维新派自身力量的弱小，加之他们所要依靠的光绪皇帝又无实权，变法维新运动最终被封建顽固派所扼杀。谭嗣同等戊戌六君子抱着“有心杀贼，无力回天”的遗恨，血洒京城菜市口。戊戌维新运动的失败表明，在近代中国，资产阶级改良主义的道路是根本行不通的。

从第一次鸦片战争期间广东三元里人民的抗英斗争，第二次鸦片战争期间各地人民反抗英、法和沙俄入侵的斗争，19 世纪 60 至 90 年代各地接连不断的反洋教斗争，甲午战争后台湾人民反对日本割占台湾的斗争，到历次反侵略战争中广大爱国官兵的浴血奋战；从反对帝国主义和封建主义压迫的农民起义和农民战争，奋起救亡、锐意变法的资产阶级维新运动，到矢志推翻清王朝封建统治的资产阶级革命，无数仁人志士，前仆后继，抛头颅洒热血，显示出中国人民不屈不挠的反侵略、反压迫的坚强意志和斗争精神，在中华民族革命斗争史上写下了可歌可泣的悲壮篇章。

3. 辛亥革命未能改变中国面貌

孙中山是一位伟大的爱国主义者，是中国民主革命的伟大先行者。他为追求民族独立、民主自由和民生幸福贡献了毕生精力。1894年，孙中山在美国檀香山创立兴中会，第一次喊出“振兴中华”的口号。1905年，他在日本东京发起成立资产阶级革命政党——中国同盟会，制定“驱除鞑虏，恢复中华，创立民国，平均地权”的十六字革命纲领，首次提出以资产阶级民主共和国取代腐朽专制的清封建王朝的革命目标。同盟会成立后，革命党人进行广泛的革命宣传和鼓动工作，并积极联络会党和新军，先后在各地组织和发动了一系列武装起义。这些起义虽然从实质上说大多是一种脱离广大群众的单纯军事行动，因而很快失败，但它反映了资产阶级革命党人反对封建专制的革命精神，在全国民众中不断扩大了革命的影响，促进了革命高潮的到来。1911 年（农历辛亥年）10 月 10 日，湖北革命团体文学社、共进会在同盟会的推动下，以湖北新军为主力发动武昌起义，并迅速获得成功。各省纷纷响应，进而掀起席卷全国的革命风暴，终于推翻清王朝，建立了中华民国。辛亥革命是 20 世纪中国所发生的第一次历史性巨变。它不仅推翻了清王朝的封建统治，而且结束了统治中国几千年的封建专制制度，在中国大地上树起民主共和国的旗帜，从而有力地促进了中华民族的觉醒，推动了中国人民的思想解放，激励中国人民为争取民族独立和人民解放、实现国家富强而更加勇敢地奋斗。但是，辛亥革命也有明显的弱点。由于领导这场革命的中国民族资产阶级的力量软弱和政治上的不成熟，没有形成一个坚强有力的领导核心，提不出一个足以广泛动员占全国人口绝大多数的工农大众参加革命运动的、明确的反帝反封建的政治纲领，也由于帝国主义和封建势力在中国统治的力量异常强大，以孙中山为首的南京临时政府仅存在 3 个月，就被以袁世凯为代表的北洋军阀政府所取代。因此，从根本上看，辛亥革命既未能铲除帝国主义和封建势力在中国统治的根基，也没有改变中国深层的社会结构，更没有改变中国的半殖民地半封建社会性质。从这个意义上讲，辛亥革命没有成功，中国依然陷于黑暗之中。正如毛泽东同志深刻总结指出的：在一个很长的时期内，即从 1840 年的鸦片战争到 1919 年的五四运动的前夜，共计七十多年中，中国人没有什么思想武器可以抗御帝国主义。旧的顽固的封建主义的思想武器打了败仗了，抵不住，宣告破产了。不得已，中国人被迫从帝国主义的老家即西方资产阶级革命时代的武器库中学来了进化论、天赋人权论和资产阶级共和国等思想武器和政治方案，组织过政党，举行过革命，以为可以外御列强，内建民国。但是这些东西也和封建主义的思想武器一样，软弱得很，又是抵不住，败下阵来，宣告破产了。

二、党的百年奋斗开辟了中国道路

1. 新民主主义革命时期的救国之路

十月革命一声炮响，给中国送来了马克思列宁主义。五四运动促进了马克思主义在中国的传播。在中国人民和中华民族的伟大觉醒中，在马克思列宁主义同中国工人运动的紧密结合中，1921 年 7 月中国共产党应运而生。中国产生了共产党，这是开天辟地的大事变，中国革命的面貌从此焕然一新。

中国共产党对中国革命道路的探索经历了艰难的历程。在艰辛的探索实践中，中国共产党坚持把马克思主义基本原理同中国革命具体实际相结合，团结带领中国人民找到了一条农村包围城市、武装夺取政权的正确革命道路。从进攻大城市转为向农村进军，是中国革命具有决定意义的新起点。毛泽东同志领导军民在井冈山建立第一个农村革命根据地，党领导人民打土豪、分田地。古田会议确立思想建党、政治建军原则。随着斗争发展，党创建了中央革命根据地和湘鄂西、海陆丰、鄂豫皖、琼崖、闽浙赣、湘鄂赣、湘赣、左右江、川陕、陕甘、湘鄂川黔等根据地。党在国民党统治下的白区也发展了党和其他革命组织，开展了群众革命斗争。然而，由于王明“左”倾教条主义在党内的错误领导，中央革命根据地第五次反“围剿”失败，红军不得不进行战略转移，经过艰苦卓绝的长征转战到陕北。1935 年 1 月，中央政治局在长征途中举行遵义会议，事实上确立了毛泽东同志在党中央和红军中的领导地位，开始确立以毛泽东同志为主要代表的马克思主义正确路线在党中央的领导地位，开始形成以毛泽东同志为核心的党的第一代中央领导集体，开启了党独立自主解决中国革命实际问题新阶段，在最危急关头挽救了党、挽救了红军、挽救了中国革命，并且在这以后使党能够战胜张国焘的分裂主义，胜利完成长征，打开中国革命新局面。这在党的历史上是一个生死攸关的转折点。

1931 年，“九一八事变”后，中日民族矛盾逐渐超越国内阶级矛盾上升为主要矛盾。在日本帝国主义加紧侵略我国、民族危机空前严重的关头，党高举武装抗日旗帜，广泛开展抗日救亡运动，促成西安事变和平解决，对推动国共再次合作、团结抗日起了重大历史作用。1937年，“七七事变”后，党实行正确的抗日民族统一战线政策，坚持全面抗战路线，提出和实施持久战的战略总方针和一整套人民战争的战略战术，开辟广大敌后战场和抗日根据地，领导八路军、新四军、东北抗日联军和其他人民抗日武装英勇作战，成为全民族抗战的中流砥柱，直到取得中国人民抗日战争最后胜利。

解放战争时期，面对国民党反动派悍然发动的全面内战，党领导广大军民逐步由积极防御转向战略进攻，打赢辽沈、淮海、平津三大战役和渡江战役，向中南、西北、西南胜利进军，消灭国民党反动派八百万军队，推翻国民党反动政府，推翻帝国主义、封建主义、官僚资本主义三座大山。经过28年浴血奋斗，党领导人民，在各民主党派和无党派民主人士积极合作下，于1949年10月1日宣告成立中华人民共和国，实现了民族独立、人民解放，实现了中国从几千年封建专制政治向人民民主的伟大飞跃。

2. 社会主义革命和建设时期的兴国之路

新中国成立后，党领导人民战胜政治、经济、军事等方面一系列严峻挑战，肃清国民党反动派残余武装力量和土匪，和平解放西藏，实现祖国大陆完全统一；稳定物价，统一财经工作，完成土地改革，进行社会各方面民主改革，实行男女权利平等，镇压反革命，开展"三反""五反"运动，荡涤旧社会留下的污泥浊水，社会面貌焕然一新。1950 年 6 月 25 日，朝鲜内战爆发，随后美国入侵朝鲜，同时派第七舰队侵入台湾海峡。新生的中华人民共和国遭到严重安全威胁。"打得一拳开，免得百拳来。"经过充分讨论和全面衡量，以毛泽东同志为核心的党中央作出了"抗美援朝，保家卫国"

的战略决策。中国人民志愿军雄赳赳、气昂昂跨过鸭绿江，同朝鲜人民和军队并肩战斗，战胜武装到牙齿的强敌，打出了国威军威，打出了中国人民的精气神，赢得抗美援朝战争伟大胜利，捍卫了新中国安全，彰显了新中国大国地位。新中国在错综复杂的国内国际环境中站稳了脚跟。

1956年，党的八大根据我国社会主义改造基本完成后的形势，提出国内主要矛盾已经不再是工人阶级和资产阶级的矛盾，而是人民对于经济文化迅速发展的需要同当前经济文化不能满足人民需要的状况之间的矛盾，全国人民的主要任务是集中力量发展社会生产力，实现国家工业化，逐步满足人民日益增长的物质和文化需要。党提出努力把我国逐步建设成为一个具有现代农业、现代工业、现代国防和现代科学技术的社会主义强国，领导人民开展全面的大规模的社会主义建设。经过实施几个五年计划，我国建立起独立的比较完整的工业体系和国民经济体系，农业生产条件显著改变，教育、科学、文化、卫生、体育事业有很大发展。“两弹一星”等国防尖端科技不断取得突破，国防工业从无到有逐步发展起来。人民解放军的兵种和作战能力得到壮大和提高，由单一的陆军发展成为包括海军、空军和其他技术兵种在内的合成军队，为巩固新生人民政权、确立中国大国地位、维护中华民族尊严提供了坚强后盾。

党坚持独立自主的和平外交政策，倡导和坚持和平共处五项原则，坚定维护国家独立、主权、尊严，支持和援助世界被压迫民族解放事业、新独立国家建设事业和各国人民正义斗争，反对帝国主义、霸权主义、殖民主义、种族主义，彻底结束了旧中国的屈辱外交。党审时度势调整外交战略，推动恢复我国在联合国的一切合法权利，打开对外工作新局面，推动形成国际社会坚持一个中国原则的格局。党提出划分三个世界的战略，作出中国永远不称霸的庄严承诺，赢得国际社会特别是广大发展中国家的尊重和赞誉。

从新中国成立到改革开放前夕，党领导人民完成社会主义革命，消灭一切剥削制度，实现了中华民族有史以来最为广泛而深刻的社会变革，实现了一穷二白、人口众多的东方大国大步迈进社会主义社会的伟大飞跃。在探索过程中，虽然经历了严重曲折，但党在社会主义革命和建设中取得的独创性理论成果和巨大成就，为在新的历史时期开创中国特色社会主义提供了宝贵经验、理论准备、物质基础。

3. 改革开放和社会主义现代化建设新时期的富国之路

党的十一届三中全会以后，以邓小平同志为主要代表的中国共产党人，团结带领全党全国各族人民，深刻总结新中国成立以来正反两方面经验，围绕什么是社会主义、怎样建设社会主义这一根本问题，借鉴世界社会主义历史经验，创立了邓小平理论，解放思想，实事求是，作出把党和国家工作中心转移到经济建设上来、实行改革开放的历史性决策，深刻揭示社会主义本质，确立社会主义初级阶段基本路线，明确提出走自己的路、建设中国特色社会主义，科学回答了建设中国特色社会主义的一系列基本问题，制定了到 21 世纪中叶分三步走、基本实现社会主义现代化的发展战略，成功开创了中国特色社会主义。

党的十三届四中全会以后，以江泽民同志为主要代表的中国共产党人，团结带领全党全国各族人民，坚持党的基本理论、基本路线，加深了对什么是社会主义、怎样建设社会主义和建设什么样的党、怎样建设党的认识，形成了“三个代表”重要思想，在国内外形势十分复杂、世界社会主义出现严重曲折的严峻考验面前捍卫了中国特色社会主义，确立了社会主义市场经济体制的改革目标和基本框架，确立了社会主义初级阶段公有制为主体、多种所有制经济共同发展的基本经济制度和按劳分配为主体、多种分配方式并存的分配制度，开创全面改革开放新局面，推进党的建设新的伟大工程，成功把中国特色社会主义推向21世纪。

党的十六大以后，以胡锦涛同志为主要代表的中国共产党人，团结带领全党全国各族人民，在全面建设小康社会进程中推进实践创新、理论创新、制度创新，深刻认识和回答了新形势下实现什么样的发展、怎样发展等重大问题，形成了科学发展观，抓住重要战略机遇期，聚精会神搞建设，一心一意谋发展，强调坚持以人为本、全面协调可持续发展，着力保障和改善民生，促进社会公平正义，推进党的执政能力建设和先进性建设，成功在新形势下坚持和发展了中国特色社会主义。

党的十二大、十三大、十四大、十五大、十六大、十七大，根据国际国内形势发展变化，从我国发展新要求出发，一以贯之对推进改革开放和社会主义现代化建设作出全面部署，并召开多次中央全会专题研究部署改革发展稳定重大工作。我国改革从农村实行家庭联产承包责任制率先突破，逐步转向城市经济体制改革并全面铺开，确立社会主义市场经济的改革方向，更大程度更广范围发挥市场在资源配置中的基础性作用，坚持和完善基本经济制度和分配制度。党坚决推进经济体制改革，同时进行政治、文化、社会等各领域体制改革，推进党的建设制度改革，不断形成和发展符合当代中国国情、充满生机活力的体制机制。党把对外开放确立为基本国策，从兴办深圳等经济特区、开发开放浦东、推动沿海沿边沿江沿线和内陆中心城市对外开放到加入世界贸易组织，从

“引进来”到“走出去”，充分利用国际国内两个市场、两种资源。经过持续推进改革开放，我国实现了从高度集中的计划经济体制到充满活力的社会主义市场经济体制、从封闭半封闭到全方位开放的历史性转变。改革开放是党的一次伟大觉醒，是中国人民和中华民族发展史上一次伟大革命。改革开放和社会主义现代化建设的伟大成就举世瞩目，我国实现了从生产力相对落后的状况到经济总量跃居世界第二的历史性突破，实现了人民生活从温饱不足到总体小康、奔向全面小康的历史性跨越，推进了中华民族从站起来到富起来的伟大飞跃。中国共产党和中国人民以英勇顽强的奋斗向世界庄严宣告，改革开放是决定当代中国前途命运的关键一招，中国特色社会主义道路是指引中国发展繁荣的正确道路，中国大踏步赶上了时代。

4. 中国特色社会主义新时代的强国之路

党的十八大以后，中国特色社会主义进入新时代，以习近平同志为主要代表的中国共产党人，坚持把马克思主义基本原理同中国具体实际相结合、同中华优秀传统文化相结合，坚持毛泽东思想、邓小平理论、“三个代表”重要思想、科学发展观，深刻总结并充分运用党成立以来的历史经验，从新的实际出发，创立了习近平新时代中国特色社会主义思想。面对中华民族伟大复兴战略全局和世界百年未有之大变局，以习近平同志为核心的党中央科学决策，坚持统筹推进“五位一体”总体布局，推动中国特色社会主义事业全面发展，经济建设取得重大成就、民主政治建设迈出重大步伐、思想文化建设取得重大进展、人民生活不断改善、生态文明建设成效显著。“五位一体”总体布局体现了中国特色社会主义建设的总目标和总任务，深刻反映了中国经济社会发展的客观规律，顺应了广大人民对更美好生活的新期待，有利于使中国特色社会主义发展更加具有全面性、丰富性和协调性。

2015年2月2日，习近平总书记在省部级主要领导干部学习贯彻党的十八届四中全会精神、全面推进依法治国专题研讨班开班式上发表重要讲话，明确将“四个全面”定位为“战略布局”。自此，“全面建成小康社会、全面深化改革、全面依法治国、全面从严治党”成为我们党治国理政、统领发展的总纲，为实现“两个一百年”奋斗目标、实现中华民族伟大复兴中国梦提供了理论指导和实践指南。2020年10月，党的十九届五中全会根据形势的发展变化，特别是到2020年我国已经基本实现全面建成小康社会目标的情况，明确提出了“协调推进全面建设社会主义现代化国家、全面深化改革、全面依法治国、全面从严治党的战略布局”，“四个全面”战略布局实现了与时俱进。

党的十八大以来，以习近平同志为核心的党中央，以伟大的历史主动精神、巨大的政治勇气、强烈的责任担当，统筹国内国际两个大局，贯彻党的基本理论、基本路线、基本方略，统揽伟大斗争、伟大工程、伟大事业、伟大梦想，坚持稳中求进工作总基调，出台一系列重大方针政策，推出一系列重大举措，推进一系列重大工作，战胜一系列重大风险挑战，解决了许多长期想解决而没有解决的难题，办成了许多过去想办而没有办成的大事，推动党和国家事业取得历史性成就、发生历史性变革，党的面貌、国家的面貌、人民的面貌、军队的面貌、中华民族的面貌发生了前所未有的变化，近代以来久经磨难的中华民族迎来了从站起来、富起来到强起来的伟大飞跃，迎来了实现中华民族伟大复兴的光明前景。

三、中国道路创造了奇迹

近代以后,创造了灿烂文明的中华民族遭遇到文明难以赓续的深重危机，呈现在世界面前的是一派衰败凋零的景象。一百年来，党领导人民不懈奋斗、不断进取，成功开辟了实现中华民族伟大复兴的正确道路。中国从四分五裂、一盘散沙到高度统一、民族团结，从积贫积弱、一穷二白到全面小康、繁荣富强，从被动挨打、饱受欺凌到独立自主、坚定自信，仅用几十年时间就走完发达国家几百年走过的工业化历程，创造了经济快速发展和社会长期稳定两大奇迹。

1. 经济快速发展奇迹

新中国成立后，进行社会主义革命，确立社会主义基本制度，这是以毛泽东同志为核心的党的第一代中央领导集体，团结带领全党全国各族人民进行的伟大创造，体现了中国人民的意愿，符合中国的实际，顺应了历史发展的潮流。这场中华民族有史以来最为广泛而深刻的社会变革，为当代中国一切发展进步奠定了根本政治前提和制度基础，为开创中国特色社会主义提供了宝贵经验、理论准备、物质基础。

改革开放和社会主义现代化建设新时期，党坚持以经济建设为中心，坚持发展是硬道理，提出科学技术是第一生产力，实施科教兴国、可持续发展、人才强国等重大战略，推进西部大开发，振兴东北地区等老工业基地，促进中部地区崛起，支持东部地区率先发展，促进城乡、区域协调发展，推进国有企业改革和发展，鼓励和支持发展非公有制经济，加快转变经济发展方式，加强生态环境保护，推动经济持续快速发展，综合国力大幅提升。从 1978 年至 2012 年，国内生产总值先后超过意大利、法国、英国、德国，2010 年超过日本，成为世界第二大经济体。同时，出口超过德国，成为世界第一大出口国。2010 年，我国制造业规模超过美国，居世界第一。成为 18 世纪工业革命以来继英国、美国、日本、德国之后的“世界工厂”，并于 2010 年跨入上中等收入国家的行列。

党的十八大以来，以习近平同志为核心的党中央统揽国内外发展大势，把握我国经济发展新特征新要求，明确提出我国经济发展进入新常态、坚持以供给侧结构性改革为主线、加快建设现代化经济体系、推动经济高质量发展等一系列新理念新思想新战略，有效引领了新时代我国经济发展大局，保证了经济社会持续健康发展。2013 年至 2017 年，我国国内生产总值年均增长超过 7%；2017 年，总量达到 82.08 万亿元，占世界经济比重达到 15% 左右，成为世界经济增长的主要动力源和稳定器。2019 年，我国国内生产总值增长 6.1%，总量突破 99

万亿元，占世界经济的比重超过 16%，对世界经济增长的贡献率达到 30%。2020 年，在新冠肺炎疫情肆虐全球的情况下，我国国内生产总值增长 2. 3%，规模达 101. 5986 万亿元，首次突破百万亿大关。如今的中国是全球第二大经济体、制造业第一大国、外汇储备第一大国、货物贸易第一大国。中国制造、中国创造、中国建造，凸显了中国新的比较优势。取得载人航天、探月工程、量子通信、超级计算、海底深潜、大飞机制造、航空母舰等一大批标志性成果。随着经济的发展，人民群众获得感、幸福感、安全感不断提升。脱贫攻坚成果举世瞩目，现行标准下农村贫困人口全部脱贫，累计脱贫近 1 亿人，全国 832 个贫困县全部摘帽。人民生活水平显著提高，中等收入群体超过 4 亿人。高等教育进入普及化阶段。城镇新增就业连续多年年均超过千万人。建成世界上规模最大的社会保障体系，基本医疗保险覆盖超过

13亿人，基本养老保险覆盖近10亿人。居民平均预期寿命提高到77.3岁。

新时代中国共产党对全面建成小康社会、开启全面建设社会主义现代化国家新征程、实现中华民族伟大复兴中国梦进行了战略谋划。党的十九大将实现第二个百年奋斗目标分为两个阶段安排。第一个阶段，从2020年到2035年，基本实现社会主义现代化；第二个阶段，从2035年到本世纪中叶，把我国建成富强民主文明和谐美丽的社会主义现代化强国，实现中华民族伟大复兴的中国梦。党的十九届五中全会审议通过的《中共中央关于制定国民经济和社会发展第十四个五年规划和二〇三五年远景目标的建议》，对2035年远景目标进行了擘画。根据党的十九大的展望，到本世纪中叶，我国物质文明、政治文明、精神文明、社会文明、生态文明将全面提升，实现国家治理体系和治理能力现代化，成为综合国力和国际影响力领先的国家，全体人民共同富裕基本实现，我国人民将享有更加幸福安康的生活，中华民族将以更加昂扬的姿态屹立于世界民族之林。

2. 社会长期稳定奇迹

新中国成立 70 多年特别是改革开放新时期和党的十八大以来，我国既经历了巨大的经济社会变迁，也经受了不少重大考验。改革开放之前，经受了抗美援朝战争，三年困难时期，“文化大革命”，河北唐山、丰南地区强烈地震等重大考验。改革开放之后，又经受了 1989 年国内政治风波、1997 年亚洲金融危机、1998 年特大洪灾、1999 年以美国为首的北约轰炸我驻南联盟大使馆、2003 年非典重大疫情、2008 年四川汶川特大地震和国际金融危机等重大考验。在党中央坚强领导下，依靠全国各族人民共同努力奋斗，党和国家不但胜利渡过了这些难关，而且有力巩固了人民政权、持续保持了国家政治和社会大局稳定，并取得革命、建设、改革的一系列重大成就。党的十八大以来，面对世界经济复苏乏力、局部冲突和动荡频发、全球性问题的外部环境，面对我国经济发展进入新常态、美国对我国发起贸易战等一系列深刻变化，面对重大风险考验，党坚持稳中求进工作总基调，迎难而上、开拓进取，继续战胜前进道路上的各种风险挑战，取得改革开放和社会主义现代化建设的历史性成就，全国上下呈现政治稳定、经济发展、文化繁荣、民族团结、人民幸福、社会安宁的景象。这同世界上一些国家社会分裂不断加剧甚至严重的政治动荡，形成了极为鲜明的对比。新中国成立 70 多年来，党始终把人民利益摆在至高无上的地位，坚持走共同富裕道路，在发展经济的同时不断改善民生、增进人民福祉，不断加强社会治理、形成良好社会秩序，为社会长期稳定打下了坚实基础。人民生活顺利实现从贫困到温饱、从总体小康到全面小康的历史性跨越。2018 年，我国就业人数达 7.8 亿人，基本养老保险覆盖超过 9 亿人，医疗保险覆盖超过 13 亿人，居民人均可支配收入达 28228 元，比 1949 年实际增长 59.2 倍。通过持续推进平安中国建设，现在我国已经成为国际公认的最有安全感的国家之一。2021 年，我国新增就业人数超过 1200 万。居民收入消费保持较快增长。全国居民人均可支配收入 3.5 万元，比上年实际增长 8.1%；全国居民人均消费支出 2.4 万元，实际增长 12.6%。

党的十八大以来，党团结带领人民创造了新时代中国特色社会主义的伟大成就，实现了第一个百年奋斗目标，明确了实现第二个百年奋斗目标的战略安排，党和国家事业取得历史性成就、发生历史性变革，为实现中华民族伟大复兴提供了更为完善的制度保证、更为坚实的物质基础、更为主动的精神力量，中华民族迎来了从站起来、富起来到强起来的伟大飞跃，中华民族伟大复兴进入了不可逆转的历史进程。

第二章

中国道路是民族复兴的正确道路

中国共产党牢记初心使命，探索和创造了中国式现代化新道路，开创了人类文明新形态。这条道路既符合中国国情，又具有世界意义。

一、中国道路是社会主义道路

中国道路是社会主义道路，是由中国的国情和制度属性所决定的，凸显了中国共产党这个百年大党的初心和使命。邓小平同志曾指出："坚持社会主义，是中国一个很重要的问题。如果十亿人的中国走资本主义道路，对世界是个灾难，是把历史拉向后退，要倒退好多年。"

1. 中国道路是对科学社会主义的守正创新

社会主义并不是凭空出现在人类历史上的，它是资本主义时代深刻社会矛盾的产物。170多年前，马克思发现了唯物史观和剩余价值学说，运用这“两个伟大发现”，深刻揭示了资本主义的基本矛盾，阐明了人类必将走向共产主义的历史规律。习近平总书记指出，中国特色社会主义是科学社会主义理论逻辑和中国社会发展历史逻辑的辩证统一，是根植于中国大地、反映中国人民意愿、适应中国和时代发展进步要求的科学社会主义，它牢牢坚持了科学社会主义的基本原则，又根据时代条件赋予其鲜明的中国特色，为科学社会主义注入了许多原创性贡献。

中国道路从未背离科学社会主义基本原则。马克思、恩格斯曾对未来社会主义社会的发展过程、发展方向、一般特征作过科学预测和设想。比如，在生产资料公有制基础上组织生产，满足全体社会成员的需要是社会主义生产的根本目的；对社会生产进行有计划的指导和调节，实行等量劳动领取等量产品的按劳分配原则；合乎自然规律地改造和利用自然……这些构成了科学社会主义基本原则。百年峥嵘岁月，无论弱小还是强大，无论处于高潮还是遭遇挫折，中国共产党从未动摇对科学社会主义基本原则的坚持。我们坚持党的领导；坚持人民民主专政的国体和人民代表大会制度的政体；坚持按劳分配的社会主义分配原则；坚持把人的价值放在第一位，不断促进人的全面发展和社会全面进步……这些都在新的历史条件下体现了科学社会主义基本原则，赓续了社会主义的基因血脉。

中国道路不断推进马克思主义中国化。“马克思的整个世界观不是教义，而是方法。它提供的不是现成的教条，而是进一步研究的出发点和供这种研究使用的方法。”只有发展马克思主义，才能坚持马克思主义，这就是历史的辩证法。百年风雨兼程，中国共产党始终高举真理的旗帜、进行理论的创造，坚持解放思想和实事求是相统一、培元固本和守正创新相统一，不断推进马克思主义基本原理同中国实际相结合，同中华优秀传统文化相结合，产生了毛泽东思想、中国特色社会主义理论体系、习近平新时代中国特色社会主义思想等重大理论创新成果，不断丰富和发展中国化的马克思主义，用与时俱进的科学理论回答了“中国向何处去、社会主义向何处去”的历史课题、时代之问。这些深深扎根于中国大地的思想成果，深刻影响着国家民族的前途命运，极大改变着中国人民的精神面貌，社会主义参天大树在世界东方根深叶茂。

中国道路影响世界。“哲学把无产阶级作为自己的物质武器，同样，无产阶级也把哲学作为自己的精神武器。”从现实的此岸通向梦想的彼岸，从必然王国通向自由王国，必定依靠揭示客观规律、洞察历史大势、回应时代呼声的科学理论。百年大江奔流，在中华民族伟大复兴的关键时期，在当今世界动荡变革的历史变局之中，中国共产党人凭着历史的积淀、理想的坚守、开拓的勇毅，紧紧围绕新时代坚持和发展什么样的中国特色社会主义、怎样坚持和发展中国特色社会主义、建设什么样的社会主义现代化强国、怎样建设社会主义现代化强国、建设什么样的长期执政的马克思主义政党、怎样建设长期执政的马克思主义政党等重大时代课题，推进实践的新革命、思想的新长征，结出了饱含中国精神、时代精华的硕果——习近平新时代中国特色社会主义思想。“中国共产党领导是中国特色社会主义最本质的特征”“坚持以人民为中心的发展思想”“推动全体人民共同富裕取得更为明显的实质性进展”“推动构建人类命运共同体”……这些富有创见的思想、观点和论断，对马克思主义作出了原创性、时代性贡献，开拓了中国特色社会主义的新境界。新时代中国共产党人赋予马克思主义鲜明的中国特色、民族特色、时代特色，使人们对共产党执政规律、社会主义建设规律、人类社会发展规律的认识达到了一个新的历史高度，使科学社会主义释放出具有强大说服力、感召力的真理光芒！

2. 中国道路书写21世纪科学社会主义的“中国版本”

恩格斯指出：“所谓‘社会主义社会’不是一种一成不变的东西，而应当和任何其他社会制度一样，把它看成是经常变化和改革的社会。”经过长期努力，中国特色社会主义进入了新时代，这是当代中国共产党人根据时代、实践和科学的发展进行的伟大创造。它既坚持了科学社会主义的基本原则，又具有鲜明的时代特征和中国特色；它以其理论和实践的贯通性、系统性、整体性，成为21世纪科学社会主义的“中国版本”。

这一“中国版本”由时代的笔墨书写，每一个文字都是人民的心跳。马克思主义哲学之所以是“时代精神的精华”和“文明的活的灵魂”，从根本上说，就在于“它是自己的时代、自己的人民的产物”，就在于“它把人民关切的时代性问题作为自己研究的‘主题’”。当今世界格局正加快演变，我国的发展环境和发展条件发生重大变化。当代中国共产党人在对新时代坚持和发展什么样的中国特色社会主义、怎样坚持和发展中国特色社会主义这个重大时代命题的把握中，在对时代蕴含的历史经验和发展规律的揭示中，在对广大人民群众诉求的回应中，渐次展开了科学社会主义发展的时代长卷。

这一“中国版本”以科学的思想统领，每一章节都有奇崛的运思。马克思主义的永恒思想价值，在于它有力指导了以往的历史运动和社会实践，更在于不断为寻求真理和发展真理开辟道路。习近平新时代中国特色社会主义思想，立足世界上最大的发展中国家的实际，着眼于新的实践和新的发展，以全新的视野深化了对共产党执政规律、社会主义建设规律、人类社会发展规律的认识，将人们对科学社会主义的认识提高到新的科学水平，为发展 21 世纪的科学社会主义作出了原创性思想理论贡献。“以民族复兴中国梦重构‘时间逻辑’，以‘五位一体’‘四个全面’重构‘战略逻辑’，以经济新常态重构‘增长逻辑’，以新发展理念重构‘发展逻辑’，以全面深化改革重构‘治理逻辑’……”有媒体这样评价以习近平同志为核心的党中央引领中华民族伟大复兴的雄韬伟略。每一次布局都意蕴深邃，每一项部署都意义非凡，每一个举措都落子坚定，深远地影响着中华民族的未来走向。因此，我们也就不难理解《习近平谈治国理政》引起追捧，并被外国首脑誉为“重要的思想资源和实用的指导手册”的原因。

这一“中国版本”用现实的情怀谋篇，每一页都放射价值的光辉。“真理的彼岸世界消逝以后，历史的任务就是确立此岸世界的真理。”马克思主义正是在研究和解决现实问题中，凸显其解释世界特别是改变世界的理论旨趣。科学社会主义破除了离开生产力来抽象谈论社会主义的历史唯心主义观念，从根本上划清了同种种空想的界限。党的十八大以来，以习近平同志为核心的党中央，将全面深化改革作为解决中国现实问题的根本途径，极大解放和发展了社会生产力、显著增强了社会活力。坚决打赢精准脱贫攻坚战、实现贫困群众对美好生活的向往，满足全体人民日益增长的美好生活需要，马克思主义人民观在占世界人口近五分之一的大国获得了最现实、最鲜活的表达。习近平总书记在多个重大国际场合深刻阐释的构建人类命运共同体的重大倡议，赋予马克思主义世界历史理论以鲜明时代特色。在美国学者特里尔看来，习近平总书记提出以“人类命运共同体”为纲领的全球治理体系，展现了他对中国和世界各国关系长远发展的战略思考，给国际格局新秩序的建立带来了新的动力。

党的十八大以来，党取得具有里程碑意义的成就和变革，推进伟大社会革命过程中生产力的积累，对人类共同价值的高扬，对于实现中华民族伟大复兴的中国梦具有历史性意义，在科学社会主义发展史上烙下鲜明的中国印迹。

3. 中国道路推动人类更好走向未来

社会主义从空想到科学、从理论到实践、从一国到多国，历经500多年风雨而发展到今天，中国特色社会主义标志了社会主义发展的最新阶段，彰显了科学社会主义在21世纪的生机活力。新时代中国特色社会主义取得的伟大成就，雄辩地回答了事关世界社会主义前途命运的重大理论和实践问题。中国正成为21世纪科学社会主义发展的旗帜，成为振兴世界社会主义的中流砥柱。习近平总书记指出，"科学社会主义在中国的成功，对马克思主义、科学社会主义的意义，对世界社会主义的意义，是十分重大的"。

历史的对比总是意味深长。20世纪80年代末90年代初，随着东欧剧变、苏联解体，世界社会主义运动出现了严重挫折，实行社会主义制度的国家由15个减少为5个，陆地面积由占全球面积的24%缩小为7%，共产党数量由180多个减少为130多个。一时间，社会主义"崩溃论""终结论"甚嚣尘上。2008年，国际金融危机爆发后，《资本论》这部出版于一个半世纪前的著作洛阳纸贵，越来越多的西方人试图从中寻找破解资本主义危机的答案。西方世界重新发现了马克思。“经济自由主义和政治自由主义，无论是单独还是结合起来，都不可能为21世纪的种种问题提供解决的方案。”英国学者霍布斯鲍姆在《如何改变世界：马克思和马克思主义的传奇》一书中指出，现在又是应该认真地对待马克思的时候了。

实践是检验理论的试金石，实践是最有说服力的教科书。科学社会主义在中国的成功，历史性地证明了科学社会主义有能力随着现实发展和客观需要进行自我调整与完善，并由此创造出巨大的生产力。中国不仅关注自身的现代化，而且日益走近世界舞台的中央，从国际体系的参与者转变为公共产品的提供者，成为全球治理体系变革的“发动机”。科学社会主义在中国的成功，更重要的是，历史性地证明了科学社会主义能够指引人们洞悉时代精神、解决时代问题、引领时代进步，是关于人类社会发展一般规律和社会基本矛盾运动规律的科学理论。美国前国务卿基辛格在《世界秩序》中写道：“评判每一代人时，要看他们是否正视了人类社会最宏大和最重要的问题。”

“我们面对的中国问题，并不仅仅是中国自己的问题，而且是中国所面对的世界性、时代性问题；我们所积累的建设中国特色社会主义的经验，并不仅仅是中国自己的建设经验，而且对于人类走向未来有着世界性的意义与价值。”作为当今世界最大的发展中国家，中国特色社会主义不断发展，不仅拓展了发展中国家走向现代化的途径，给世界上那些既希望加快发展又希望保持自身独立性的国家和民族提供了全新选择，而且为很多深陷发展困境、尽显发展疲态的发达国家提供了有益借鉴。

科学社会主义的诞生，是人类思想的伟大革命，是人类宝贵的精神财富。作为科学社会主义的结晶，新时代中国特色社会主义以其对科学社会主义基本原则的坚定遵循和创造性发展，书写了世界社会主义运动史上的辉煌篇章。

二、中国道路是现代化新道路

习近平总书记指出："我们坚持和发展中国特色社会主义，推动物质文明、政治文明、精神文明、社会文明、生态文明协调发展，创造了中国式现代化新道路，创造了人类文明新形态。""中国共产党将团结带领中国人民深入推进中国式现代化，为人类对现代化道路的探索作出新贡献。"中国式现代化新道路究竟"新"在哪里？"好"在何处？如何把握这条道路的要义与优势？我们需要在古今中外的宏阔时空维度中进行细致比较和深入思考。

1. 破除资本主义弊端的中国式现代化新道路

社会主义是中国式现代化新道路的本质属性，从根本上规定了我们推进现代化的前进方向和最终目标。中国共产党领导是中国特色社会主义的最本质特征和中国特色社会主义制度的最大优势，这是中国式现代化有别于其他国家现代化的最重要特征，打破了“现代化等于西方化”的误区。西方国家现代化的主要推动力是工业革命和资产阶级反对封建专制的政治革命，最终塑造的是按照资本逻辑展开的资本主义现代性。资本主义生产方式在人类历史上曾起到过进步作用，但以资本家占有生产资料和以雇佣劳动为基础的经济制度，使资本主义的现代化只能以资本家榨取剩余价值和追逐最大限度利润为根本目的和驱动力，最终必然导致劳动的异化和人的异化，必然导致社会贫富差距的两极分化。同时，资本主义个人本位和功利主义的价值取向导致其在现代化进程中过分追求个性解放和个体利益的伸张，加速了社会原子化，带来个人与集体、国家的疏离，本质上是一种带有精英主义色彩的消极的、弱势的、保护型的现代化。

中国的社会主义现代化道路具有以人为本、共同富裕和集中力量办大事的显著优势。人的自由全面发展是社会主义现代化的出发点和归宿，推进社会主义现代化是为了最大限度地满足人民日益增长的物质文化需要和美好生活需要，实现全体人民的共同富裕，现代化带来的一切成果为广大人民共同享有，而不是被少数精英或者利益集团所独占。这种以人民为中心的现代化是一种更加积极的、强势的、发展型的现代化。社会主义制度在所有制形式、权力归属、本质特征、发展目的、发展方向、思想凝聚等方面一系列质的规定性，则从根本上决定了社会主义现代化必须而且能够始终做到全国一盘棋、集中力量办大事，这种广泛调动社会资源和各方面积极性的现代化道路，为那些面临赶超任务的后发国家破解后发劣势、快速实现跨越式发展提供了可能。

2. 独立自主的中国式现代化新道路

独立自主是中国式现代化新道路的思想精髓，是中国式现代化新道路对于现代化道路选择方法论、认识论的重要贡献。和平、发展、公平、正义、民主、自由是全人类共同价值，通过推进现代化更好地实现这些价值是世界上各个国家的普遍追求和共同愿望。但现代化的道路不止一条，不存在唯一正确的普遍模式或标准答案。历史告诉我们，世界上没有一个民族能够亦步亦趋走别人的道路来实现自己的发展振兴，没有一成不变的道路可以引导所有国家实现现代化，只有找到适合自己实际的道路的国家才可能跻身现代化国家的行列。

近代以来，许多有志之士试图寻找中国现代化的方案，特别是辛亥革命之后的一段时间，经济上效仿西方工业化路径，政治上照搬西方政治体制，文化上尊崇西方文明。历史经验和教训表明，盲目照搬照抄他国做法，只能以失败告终。中国共产党坚定认为，中国现代化必须走自己的路。这是我们党的全部理论和实践的立足点，更是党百年奋斗得出的历史结论。中国共产党充分考虑我国人口众多、生产力水平相对不高等国情和实际，独立自主、自力更生，从“两步走”设想到“三步走”战略，再到“两个阶段”战略安排，分阶段、分步骤实施发展规划，动态调整发展路径，努力追求高水平自立自强。

中国式现代化新道路在方法论层面的核心要义，就是把走自己的路作为理论和实践的全部立足点，既积极学习借鉴人类文明的一切有益成果，又反对生搬硬套别人的模式，把国家发展进步的命运牢牢掌握在自己手中。正是由于始终坚定不移地走具有本国特色、符合本国实际的现代化道路，中国才能成功开辟出人口规模巨大、全体人民共同富裕、物质文明和精神文明相协调、人与自然和谐共生、走和平发展道路的现代化新道路，这对于那些既希望加快发展又希望保持自身独立性的国家和民族具有重要的借鉴意义。

3. 和平发展的中国式现代化新道路

和平发展是中国式现代化新道路的价值遵循，彰显了中华民族民胞物与、协和万邦、天下一家的大同理想。西方现代化进程与资本主义全球扩张的进程相伴相生。马克思在论述西方资本主义原始积累时说过：“资本来到世间，从头到脚，每个毛孔都滴着血和肮脏的东西。”这充分说明了资本主义现代化在资本原始积累阶段的侵略性、剥削性和残酷性。从新航路的开辟到资本主义世界市场的形成，早发现代化国家依靠殖民扩张和侵略掠夺完成了资本主义的原始积累，为本国的发展提供了资金、原料、劳动力和市场，其过程充满着残酷、野蛮和暴力血腥。纵观当今欧美发达国家，几乎都有对外侵略和殖民的历史，以至于“国强必霸”已成为不少人认识现代国际关系的一种思维定式。

中国式现代化彻底颠覆了这种“零和博弈”的思维，走出了一条秉承“增量思维”、致力于“做加法”的现代化新道路。不靠发动战争、不靠殖民掠夺、不靠欺负弱小国家，而是坚持走和平发展的道路。一方面，中国式现代化新道路强调在推进现代化的过程中必须营造和平的良好发展环境，秉持开放的发展理念，奉行互利共赢的开放战略，通过“引进来”和“走出去”的结合充分用好国际国内两个市场、两种资源，解决发展内外联动问题，实现高质量发展和包容性增长。另一方面，中国式现代化新道路强调现代化强国的世界担当，中国在推进现代化的过程中始终做世界和平的建设者、全球发展的贡献者、国际秩序的维护者，同各国人民、各种进步力量一道推动构建人类命运共同体，携手创造人类的美好未来。这条“为世界谋大同”的现代化道路与生俱来的道义优势，正日益转化为对世界上一切爱好和平的国家和民族的强大价值吸引力。

4. 科学发展的中国式现代化新道路

科学发展是中国式现代化新道路的基本特征，保证了我们推进的现代化符合人类社会发展规律，顺应历史发展潮流。西方现代化在创造工业文明和巨大物质财富的同时，也给人类社会和自然界带来了严重的负面效应，导致物质主义、消费主义、虚无主义盛行，带来了严重的资源浪费和环境污染，打破了地球生态系统的平衡。

中国式现代化坚持新发展理念，实行科学发展，遵循全面、协调、可持续的基本要求，运用统筹兼顾的方法谋划发展。全面性体现为中国式现代化是经济建设、政治建设、文化建设、社会建设、生态文明建设“五位一体”的现代化，是各个领域的齐头并进而非某个领域的单兵突进；协调性体现为中国式现代化统筹经济和社会、统筹发展和安全、统筹物质文明和精神文明，努力缩小城乡之间、区域之间、社会阶层之间的发展差距，注意通过不断调整现代化进程各个环节的关系保持发展的整体效能，不断增强发展的均衡性；可持续性体现为中国式现代化把良好的生态环境视为人和社会持续发展的根本基础，推动经济发展与人口资源相协调，既满足当代人的需求又不损害后代人满足其需求的发展，避免走西方“先污染、后治理”的老路。科学发展的中国式现代化新道路，向全世界尤其是发展中国家展现了在人口多、资源少、起步晚、底子薄、发展不平衡不充分的国家实现整体、均衡、健康的现代化的现实可行性。

总之，中国式现代化新道路既属于中国也属于世界，它不仅是把我国建设成为富强民主文明和谐美丽的社会主义现代化强国、实现中华民族伟大复兴的必由之路，同时也极大地拓展了发展中国家走向现代化的途径，为人类现代化进程贡献了中国智慧和中国方案。

三、中国道路是创造人民美好生活的道路

“人民对美好生活的向往，就是我们的奋斗目标。”中国道路致力于满足人民日益增长的美好生活需要，以实现人民的根本利益为出发点和落脚点，着力解决人民群众所急所盼，人民

共享经济、政治、文化、社会、生态等各方面发展成果，使人民不断获得更多、更直接、更实在的获得感、幸福感、安全感，不断促进人的全面发展、全体人民共同富裕。

1. 共同富裕是社会主义的本质要求

共同富裕，是马克思主义的重要追求，是社会主义区别于资本主义的重要标志。社会主义就是要消灭贫穷，消除两极分化，最终实现共同富裕。

中国共产党自成立之日起，就矢志不渝为实现共同富裕而奋斗。新民主主义革命时期，我们党团结带领广大农民“打土豪、分田地”，实行“耕者有其田”，为摆脱贫困、实现共同富裕创造了条件。新中国成立初期，毛泽东同志强调：“现在我们实行这么一种制度，这么一种计划，是可以一年一年走向更富更强的，一年一年可以看到更富更强些。而这个富，是共同的富，这个强，是共同的强，大家都有份。”改革开放后，邓小平同志将共同富裕纳入社会主义本质的范畴，指出“社会主义不是少数人富起来、大多数人穷，不是那个样子”“社会主义最大的优越性就是共同富裕，这是体现社会主义本质的一个东西”。在改革开放和现代化建设实践中，我们党坚持从实际出发，允许一部分人、一部分地区先富起来，通过先富带动后富，激发各方面活力，不断解放和发展社会生产力，实现了人民生活从温饱不足到总体小康、奔向全面小康的历史性跨越，为促进共同富裕奠定了雄厚的物质基础。

中国特色社会主义进入新时代，推动共同富裕历史性地站到了新的起点上。面对人民对美好生活的新期待，习近平总书记就科学认识、扎实推动共同富裕，提出了一系列极具理论性、政治性、针对性的新思想、新观点、新战略、新要求。习近平总书记明确提出“人民对美好生活的向往，就是我们的奋斗目标”，既把“逐步实现全体人民共同富裕”纳入中国特色社会主义道路的基本内涵，又将“必须坚持走共同富裕道路”纳入夺取中国特色社会主义新胜利的基本要求。在庆祝中国共产党成立 100 周年大会上，习近平总书记强调“着力解决发展不平衡不充分问题和人民群众急难愁盼问题，推动人的全面发展、全体人民共同富裕取得更为明显的实质性进展”。这为我们在“十四五”时期乃至更长一个时期扎实推动共同富裕指明了方向、提供了遵循。一系列决策部署，描绘了实现全体人民共同富裕的宏伟蓝图，这既是我们开拓前进必须完成的重大任务，也是我们党顺应人民愿望、把握历史主动的必然选择。

2. 我国已经到了扎实推动共同富裕的历史阶段

我们党不仅把共同富裕作为价值理念来追求，而且将其作为实践课题来推进，锲而不舍努力兑现对人民的承诺。

在一代代中国共产党人接续奋斗的基础上，党的十八大以来，面对错综复杂的国际形势、艰巨繁重的国内改革发展稳定任务，以习近平同志为核心的党中央统筹中华民族伟大复兴战略全局和世界百年未有之大变局，深入实施区域协调发展战略，采取有力措施保障和改善民生，如期打赢脱贫攻坚战，全面建成小康社会，党和国家事业取得历史性成就、发生历史性变革，为促进共同富裕创造了良好条件。

现在，我们已经到了扎实推动共同富裕的历史阶段。我国经济实力、科技实力、综合国力大幅度跃升，实现全体人民共同富裕的物质基础更加坚实；脱贫攻坚战取得全面胜利，困扰中华民族几千年的绝对贫困问题一去不复返，实现共同富裕迈出坚实的一大步；全面建成小康社会，是我们在推动共同富裕道路上取得的又一重大标志性成果，充分彰显了中国特色社会主义制度的巨大优越性，进一步激发、增强了全党全国人民实现共同富裕的信念信心。

全面建成小康社会、开启全面建设社会主义现代化国家新征程，在我国社会主义现代化建设进程中具有里程碑意义。全面建设社会主义现代化国家的过程，在一定意义上说，也是扎实推动共同富裕的过程，两者应同向、同步推进。一方面，经过改革开放 40 多年的奋斗，我国综合国力显著增强，人民生活的质量水平有了很大提高，但发展的不平衡不充分问题突出，城乡区域发展和收入分配差距较大，需要通过推动高质量发展、完善民生保障制度、推动形成公平合理的收入分配格局等，加快补齐目前存在的突出短板。另一方面，当今世界，一些国家贫富分化等问题突出，面对复杂多变的外部环境，我们党需以更大的决心、更有力的措施推动共同富裕，维护社会和谐稳定。

我们推动的共同富裕，具有鲜明的时代特

征和中国特色，是全体人民通过辛勤劳动和相互帮助，普遍达到生活富裕富足、精神自信自强、环境宜居宜业、社会和谐和睦、公共服务普及普惠，实现人的全面发展和社会全面进步，共享改革发展成果和幸福美好生活。这种共同富裕是全体人民共同富裕，是人民群众物质生活和精神生活都富裕，不是少数人的富裕，也不是整齐划一的平均主义。习近平总书记特别指出，“像全面建成小康社会一样，全体人民共同富裕是一个总体概念，是对全社会而言的”，“这是一个在动态中向前发展的过程”。还要看到，实现 14 亿多人共同富裕，不是所有人都同时富裕，也不是所有地区同时达到一个富裕水准，不同人群不仅实现富裕的程度有高有低，时间上也会有先有后。

3. 推动共同富裕取得更为明显的实质性进展

习近平总书记以马克思主义政治家、理论

家、战略家、实干家的深邃远见和使命担当，精心谋划，统筹部署，为推动实现共同富裕确立了基本原则、总体思路，提出了一系列重大举措。

明确分阶段促进共同富裕的目标要求。到“十四五”末，全体人民共同富裕迈出坚实步伐，居民收入和实际消费水平差距逐步缩小。到2035年，全体人民共同富裕取得更为明显的实质性进展，基本公共服务实现均等化。到本世纪中叶，全体人民共同富裕基本实现，居民收入和实际消费水平差距缩小到合理区间。这一战略谋划，完整勾勒了促进全体人民共同富裕的时间表、路线图，既体现了历史发展的延续性、连贯性，又顺应了新时代人民群众不断增长的美好生活需要。

确立促进共同富裕必须把握的基本原则。一是鼓励勤劳创新致富，把推动高质量发展放在首位，为人民提高受教育程度、增强发展能力创造更加普惠公平的条件，提升全社会人力资本和专业技能，提高就业创业能力，增强致富本领，畅通向上流动通道，给更多人创造致富机会；二是坚持社会主义基本经济制度，社会主义市场经济体制等社会主义基本经济制度既有利于激发各类市场主体活力、解放和发展社会生产力，又有利于促进效率和公平有机统一、不断实现共同富裕；三是尽力而为量力而行，既要建立科学的公共政策体系，把“蛋糕”分好，让人民群众有更多获得感，又要看到我国发展水平离发达国家还有较大差距，要把保障和改善民生建立在经济发展和财力可持续的基础之上；四是坚持循序渐进，要有战略定力和耐心，从我国处于并将长期处于社会主义初级阶段、仍然是世界上最大的发展中国家的实际国情出发，稳扎稳打、步步为营，实打实地一件事一件事办好。

确定扎实推动共同富裕的总的思路。总的

思路是，坚持以人民为中心的发展思想，在高质量发展中促进共同富裕，正确处理效率和公平的关系，构建初次分配、再分配、三次分配协调配套的基础性制度安排，加大税收、社保、转移支付等调节力度并提高精准性，扩大中等收入群体比重，增加低收入群体收入，合理调节高收入，取缔非法收入，形成中间大、两头小的橄榄型分配结构，促进社会公平正义，促进人的全面发展，使全体人民朝着共同富裕目标扎实迈进。这一总的思路阐明了推动共同富裕的根本立场、实践要求、政策选择、价值依归等重大问题，为新阶段扎实推动共同富裕提供了方向和路径指引。在这一总的思路下，提出在高质量发展中促进共同富裕的一系列重大举措。包括提高发展的平衡性、协调性、包容性，着力扩大中等收入群体规模，促进基本公共服务均等化，加强对高收入的规范和调节，促进人民精神生活共同富裕，促进农民农村共同富裕等。

习近平总书记对扎实推动共同富裕的一系列重要论述，为推动全体人民共同富裕取得更为明显的实质性进展提供了遵循。新的征程上，必须以习近平新时代中国特色社会主义思想为指导，坚持以人民为中心的发展思想，准确把握新发展阶段，深入贯彻新发展理念，加快构建新发展格局，紧扣新时代我国社会主要矛盾的变化，不断夯实党长期执政的基础，推动全体人民共同富裕取得更为明显的实质性进展。

中华民族伟大复兴进入不可逆转的历史进程。踏上新的赶考之路，面对中华民族伟大复兴的战略全局和世界百年未有之大变局，必须全面贯彻习近平新时代中国特色社会主义思想，增强“四个意识”、坚定“四个自信”、做到“两个维护”，以党的自我革命推动伟大社会革命，推进国家治理体系和治理能力现代化，确保中华民族伟大复兴沿着正确的道路继续前进，赢得更加伟大的胜利和荣光。中国共产党团结带领中国人民开辟的这条伟大道路，必将载入中华民族发展史册、人类文明发展史册。

第三章

中国道路的思想指南

党在指导思想上的与时俱进是中国道路开拓前进的先导。在中华民族伟大复兴的征途中，党的指导思想与时俱进，马克思列宁主义、毛泽东思想、中国特色社会主义理论体系、习近平新时代中国特色社会主义思想，是中国道路的思想指南，奠定了中国道路的理论基础，引领中国道路的发展。

一、马克思列宁主义

十九大党章指出，马克思列宁主义揭示了人类社会历史发展的规律，它的基本原理是正确的，具有强大的生命力。中国共产党人追求的共产主义最高理想，只有在社会主义社会充分发展和高度发达的基础上才能实现。社会主义制度的发展和完善是一个长期的历史过程。坚持马克思列宁主义的基本原理，走中国人民自愿选择的适合中国国情的道路，中国的社会主义事业必将取得最终的胜利。

马克思主义，是马克思主义理论体系的简称，是关于全世界无产阶级和全人类彻底解放的学说，是无产阶级革命导师马克思、恩格斯在 19 世纪 40 年代创立的。它由马克思主义哲学、马克思主义政治经济学和科学社会主义三大部分组成，是马克思、恩格斯在批判地继承和吸收人类关于自然科学、思维科学、社会科学优秀成果的基础上并在实践中不断地丰富、发展和完善的无产阶级思想的科学体系。马克思主义深刻揭示了自然界、人类社会、人类思维发展的普遍规律，为人类社会发展进步指明了方向；马克思主义坚持实现人民解放、维护人民利益的立场，以实现人的自由而全面的发展和全人类解放为己任，反映了人类对理想社会的美好憧憬；马克思主义揭示了事物的本质、内在联系及发展规律，是“伟大的认识工具”，是人们观察世界、分析问题的有力思想武器；马克思主义具有鲜明的实践品格，不仅致力于科学“解释世界”，而且致力于积极“改变世界”。马克思主义揭示了人类社会发展规律，是认识世界、改造世界的科学真理。马克思主义不仅深刻改变了世界，也深刻改变了中国。马克思主义指引中国成功走上了全面建设社会主义现代化强国的康庄大道。马克思主义是我们立党立国、兴党强国的根本指导思想。

列宁主义产生于19世纪末20世纪初的俄国，是革命伟大导师列宁同志在领导俄国革命的实践中，坚持把马克思主义和新的历史时代的无产阶级革命运动相结合，深入研究了资本主义发展到帝国主义阶段的规律，总结了无产阶级和资产阶级斗争的新经验，概括了 20 世纪初期社会科学、自然科学发展的最新成果，创造性地运用和发展了马克思主义，列宁主义是无产阶级革命实践经验的结晶，是 20 世纪初人类思想史上的重大成果。列宁主义常常和马克思主义一起合称为马克思列宁主义。

二、毛泽东思想

以毛泽东同志为主要代表的中国共产党人，把马克思列宁主义基本原理同中国革命的具体实践结合起来，创立了毛泽东思想。毛泽东思想是马克思列宁主义在中国的创造性运用和发展，是被实践证明了的关于中国革命和建设的正确的理论原则和经验总结，是马克思主义中国化的第一次历史性飞跃。毛泽东思想的活的灵魂是贯穿于各个组成部分的立场、观点、方法，体现为实事求是、群众路线、独立自主三个基本方面，为党和人民事业发展提供了科学指引。

实事求是，是马克思主义的根本观点，是中国共产党人认识世界、改造世界的根本要求，是我们党的基本思想方法、工作方法、领导方法。不论过去、现在和将来，我们都要坚持一切从实际出发，理论联系实际，在实践中检验真理和发展真理。群众路线是我们党的生命线和根本工作路线，是我们党永葆青春活力和战斗力的重要传家宝。不论过去、现在和将来，我们都要坚持一切为了群众，一切依靠群众，从群众中来，到群众中去，把党的正确主张变为群众的自觉行动，把群众路线贯彻到治国理政全部活动之中。独立自主是我们党从中国实际出发、依靠党和人民力量进行革命、建设、改革的必然结论。不论过去、现在和将来，我们都要把国家和民族发展放在自己力量的基点上，坚持民族自尊心和自信心，坚定不移走自己的路。

毛泽东思想包含着丰富的内容，主要包括以下几个主要方面：一是关于新民主主义革命。毛泽东同志从近代中国的历史和社会状况出发，研究中国革命的特点和中国革命的规律，发展了马克思列宁主义关于无产阶级在民主革命中的领导权的思想，创立了无产阶级领导的，工农联盟为基础的，人民大众的，反对帝国主义、封建主义和官僚资本主义的新民主主义革命的理论。二是关于社会主义革命和社会主义建设。毛泽东同志和中国共产党依据新民主主义革命胜利所创造的向社会主义过渡的经济政治条件，采取社会主义工业化和社会主义改造同时并举的方针，实行逐步改造生产资料私有制的具体政策，从理论和实践上解决了在中国这样一个占世界人口近四分之一的、经济文化落后的大国中建立社会主义制度的艰难任务。毛泽东同志提出的对人民内部的民主和对反动派的专政互相结合起来的人民民主专政理论，丰富了马克思列宁主义关于无产阶级专政的学说。在社会主义制度建立以后，毛泽东同志又提出了一系列具有战略意义的正确思想和方针。三是关于革命军队的建设和军事战略。毛泽东同志系统地解决了以农民为主要成分的革命军队如何建设成为一支无产阶级性质的、具有严格纪律的、同人民群众保持亲密联系的新型人民军队的问题。四是关于政策和策略。毛泽东同志精辟地论证了政策和策略是党的生命，必须根据政治形势、阶级关系和实际情况及其变化制定党的政策，把原则性和灵活性结合起来。五是关于思想政治工作和文化工作。在这方面毛泽东同志提出过许多具有长远意义的思想，如：思想政治工作是经济工作和其他一切工作的生命线，要实行政治和经济的统一、政治和技术的统一、又红又专的方针；发展民族的、科学的、大众的文化，实行百花齐放、推陈出新、古为今用、洋为中用的方针；知识分子在革命和建设中具有重要作用，知识分子要同工农相结合；等等。六是关于党的建设。毛泽东同志特别着重于从思想上建设党，提出党员不但要在组织上入党，而且要在思想上入党，经常注意以无产阶级思想改造和克服各种非无产阶级思想。他指出，理论和实践相结合的作风，和人民群众紧密地联系在一起的作风，以及自我批评的作风，是中国共产党区别于其他任何政党的显著标志。针对历史上党内斗争中存在的“残酷斗争、无情打击”的“左”倾错误，他提出“惩前毖后、治病救人”的正确方针，强调在党内斗争中要达到既弄清思想又团结同志的目的。他创造了在全党通过批评与自我批评进行马克思列宁主义思想教育的整风形式。

以毛泽东同志为主要代表的中国共产党人，创造性地运用马克思列宁主义的基本原理，认真考察中国的历史状况和社会状况，在中国共产党的历史上第一次明确提出了马克思主义与中国实际相结合、实现马克思主义中国化的任务，开辟了马克思主义在中国发展的道路，把中国长期革命实践中的一系列独创性经验作了理论概括，形成了适合中国情况的科学的指导思想——毛泽东思想，引导中国革命取得了胜利。革命实践证明，在毛泽东思想的指引下，中国革命不断从胜利走向胜利。在毛泽东思想指导下，我们党领导全国人民，找到了一条新民主主义革命的正确道路，推翻了帝国主义、封建主义和官僚资本主义，建立了中华人民共和国，找到了在中国这样一个人口众多、经济文化落后的大国建立社会主义制度的道路，实现了中国历史上最深刻最伟大的社会变革。社会主义制度建立后，以毛泽东同志为主要代表的中国共产党人，对有中国特色社会主义道路进行了艰辛探索，提出了涉及经济、政治、文化、国防、外交等方面的关于中国社会主义建设的重要观点。在毛泽东思想指引下，中国人民不仅建立起独立的比较完整的工业体系和国民经济体系，为社会主义现代化建设奠定了重要的物质基础，而且积累了社会主义建设的重要经验。中国共产党从诞生之日起，就肩负着实现中华民族伟大复兴的历史重任。毛泽东思想作为党的指导思想，更是集中体现了中国共产党的这一鲜明特点。毛泽东思想，一方面完全是马克思主义的，另一方面又完全是中国的，它是中华民族宝贵的精神支柱，将长期激励和指导我们前进。

三、中国特色社会主义理论体系

邓小平理论、“三个代表”重要思想、科学发展观，是马克思主义中国化的重大成果，是党和人民实践经验和集体智慧的结晶，是中国特色社会主义理论体系的重要组成部分。

党的十一届三中全会以来，以邓小平同志为主要代表的中国共产党人，团结带领全党全国各族人民，深刻总结新中国成立以来正反两方面经验，围绕什么是社会主义、怎样建设社会主义这一根本问题，借鉴世界社会主义历史经验，创立了邓小平理论，解放思想，实事求是，作出把党和国家工作中心转移到经济建设上来、实行改革开放的历史性决策，深刻揭示社会主义本质，确立社会主义初级阶段基本路线，明确提出走自己的路、建设中国特色社会主义，科学回答了建设中国特色社会主义的一系列基本问题，制定了到21世纪中叶分“三步走”、基本实现社会主义现代化的发展战略，成功开创了中国特色社会主义。邓小平理论是马克思列宁主义的基本原理同当代中国实践和时代特征相结合的产物，是毛泽东思想在新的历史条件下的继承和发展，是马克思主义在中国发展的新阶段，是当代中国的马克思主义，是中国共产党集体智慧的结晶，引导着我国社会主义现代化事业不断前进。邓小平理论是在和平与发展成为时代主题的历史条件下，在我国进行改革开放和现代化建设的实践中，在总结我国社会主义胜利和挫折的历史经验并借鉴其他社会主义国家兴衰成败历史经验的基础上，逐步形成和发展起来的。邓小平理论坚持科学社会主义理论成果和实践的基本成果，抓住“什么是社会主义、怎样建设社会主义”这个根本问题，深刻揭示社会主义的本质，把对社会主义的认识提高到新的科学水平。邓小平理论坚持用马克思主义的宽广眼界观察世界，对当今时代特征和总体国际形势，对世界上其他社会主义国家的成败，发展中国家谋求发展的得失，发达国家发展的态势和矛盾，进行正确分析，做出了新的科学判断。

党的十三届四中全会以来，以江泽民同志

为主要代表的中国共产党人，在建设中国特色社会主义的实践中，加深了对什么是社会主义、怎样建设社会主义和建设什么样的党、怎样建设党的认识，积累了治党治国新的宝贵经验，形成了“三个代表”重要思想，在国内外形势十分复杂、世界社会主义出现严重曲折的严峻考验面前捍卫了中国特色社会主义，确立了社会主义市场经济体制的改革目标和基本框架，确立了社会主义初级阶段公有制为主体、多种所有制经济共同发展的基本经济制度和按劳分配为主体、多种分配方式并存的分配制度，开创改革开放新局面，推进党的建设新的伟大工程，成功把中国特色社会主义推向 21 世纪。“三个代表”重要思想是对马克思列宁主义、毛泽东思想、邓小平理论的继承和发展，反映了当代世界和中国的发展变化对党和国家工作的新要求，是加强和改进党的建设、推进我国社会主义自我完善和发展的强大理论武器，是中国共产党集体智慧的结晶，是党必须长期坚持的指导思想。

党的十六大以来，以胡锦涛同志为主要代表的中国共产党人，团结带领全党全国各族人民，在全面建设小康社会进程中推进实践创新、理论创新、制度创新，深刻认识和回答了新形势下实现什么样的发展、怎样发展等重大问题，形成了科学发展观，抓住重要战略机遇期，聚精会神搞建设，一心一意谋发展，强调坚持以人为本、全面协调可持续发展，着力保障和改善民生，促进社会公平正义，推进党的执政能力建设和先进性建设，成功地在新形势下坚持和发展了中国特色社会主义。科学发展观是同马克思列宁主义、毛泽东思想、邓小平理论、“三个代表”重要思想既一脉相承又与时俱进的科学理论，是马克思主义关于发展的世界观和方法论的集中体现，是马克思主义中国化重大成果，是中国共产党集体智慧的结晶，是发展中国特色社会主义必须长期坚持的指导思想。科学发展观以丰富的思想内涵构建了第一要义是发展、核心是以人为本、基本要求是全面协调可持续、根本方法是统筹兼顾的科学理论，创造性地坚持和丰富了马克思主义发展观。

中国特色社会主义理论体系与马克思列宁主义和毛泽东思想一脉相承。中国特色社会主义理论体系对马克思列宁主义、毛泽东思想的继承和坚持主要体现在四个方面：一是思想基础的一致性。“解放思想，实事求是”是马列主义、毛泽东思想的精髓，也是邓小平理论、“三个代表”重要思想和科学发展观的精髓。二是基本立场的一致性。它们都站在人民的立场上，具有完全相同的价值取向。三是理论品质的一致性。它们的理论品质都是与时俱进的。四是根本任务和最终目标的一致性。根本任务都是解放和发展生产力，最终目标都是实现共同富裕、为实现共产主义创造物质基础。

中国特色社会主义理论体系有一个鲜明的主题，就是建设中国特色社会主义。这个主题要求我们既要坚持科学社会主义的基本原则，又要将其同中国的具体实践和时代特征相结合，回答如何建设中国特色社会主义这一重大问题。以邓小平同志为主要代表的中国共产党人坚持以“什么是社会主义、怎样建设社会主义”为主线，并以社会主义本质论和党在社会主义初级阶段的基本路线，科学地回答了这个问题。以江泽民同志为主要代表的中国共产党人在新的实践基础上不断探索，提出“建设什么样的党、怎样建设党”的问题，并以“三个代表”重要思想为标志，从始终代表中国先进生产力的发展要求、中国先进文化的前进方向和中国最广大人民的根本利益，创造性地回答了这个问题。以胡锦涛同志为主要代表的中国共产党人在新世纪新阶段，从我国经济社会发展的阶段性特征出发，围绕“实现什么样的发展、怎样发展”提出科学发展观，深刻地回答了这个问题。以上三个重大问题是在实践中依次提出的。总起来说，中国特色社会主义理论体系是以“什么是社会主义、怎样建设社会主义”为主线，在发展过程中不断延伸和展开，体现为社会主义、党的建设和发展三大问题的统一。

中国特色社会主义理论体系是一个源于实践、指导实践并接受实践检验的科学理论体系。理论的源泉和价值在于实践，理论创新的基础和目的在于实践创新。说一千道一万，中国特色社会主义理论体系之所以能形成，是因为改革开放和社会主义现代化建设伟大实践的呼唤，是通过对改革开放和社会主义现代化建设伟大实践的总结，包括正反两方面经验的总结。邓小平理论是这样创立的，“三个代表”重要思想、科学发展观也是这样形成的。

四、习近平新时代中国特色社会主义思想

以习近平同志为主要代表的中国共产党人，坚持把马克思主义基本原理同中国具体实际相结合、同中华优秀传统文化相结合，坚持毛泽东思想、邓小平理论、“三个代表”重要思想、科学发展观，深刻总结并充分运用党成立以来的历史经验，从新的实际出发，创立了习近平新时代中国特色社会主义思想，明确中国特色社会主义最本质的特征是中国共产党领导，中国特色社会主义制度的最大优势是中国共产党领导，中国共产党是最高政治领导力量，全党必须增强“四个意识”、坚定“四个自信”、做到“两个维护”；明确坚持和发展中国特色社会主义，总任务是实现社会主义现代化和中华民族伟大复兴，在全面建成小康社会的

基础上，分两步走，在本世纪中叶建成富强民主文明和谐美丽的社会主义现代化强国，以中国式现代化推进中华民族伟大复兴；明确新时代我国社会主要矛盾是人民日益增长的美好生活需要和不平衡不充分的发展之间的矛盾，必须坚持以人民为中心的发展思想，发展全过程人民民主，推动人的全面发展、全体人民共同富裕取得更为明显的实质性进展；明确中国特色社会主义事业总体布局是经济建设、政治建设、文化建设、社会建设、生态文明建设五位一体，战略布局是全面建设社会主义现代化国家、全面深化改革、全面依法治国、全面从严治党四个全面；明确全面深化改革总目标是完善和发展中国特色社会主义制度、推进国家治理体系和治理能力现代化；明确全面推进依法治国总目标是建设中国特色社会主义法治体系、建设社会主义法治国家；明确必须坚持和完善社会主义基本经济制度，使市场在资源配置中起决定性作用，更好发挥政府作用，把握新发展阶段，贯彻创新、协调、绿色、开放、共享的新发展理念，加快构建以国内大循环为主体、国内国际双循环相互促进的新发展格局，推动高质量发展，统筹发展和安全；明确党在新时代的强军目标是建设一支听党指挥、能打胜仗、作风优良的人民军队，把人民军队建设成为世界一流军队；明确中国特色大国外交要服务民族复兴、促进人类进步，推动建设新型国际关系，推动构建人类命运共同体；明确全面从严治党的战略方针，提出新时代党的建设总要求，全面推进党的政治建设、思想建设、组织建设、作风建设、纪律建设，把制度建设贯穿其中，深入推进反腐败斗争，落实管党治党政治责任，以伟大自我革命引领伟大社会革命。这些战略思想和创新理念，是党对中国特色社会主义建设规律认识深化和理论创新的重大成果。

习近平新时代中国特色社会主义思想与马

列主义、毛泽东思想和中国特色社会主义理论体系是一脉相承的关系，具有共同的理论基础。它不仅坚持了马克思主义的立场观点方法，将马克思主义方法灵活运用于中国特色社会主义实践，使得这一创新成果闪耀着辩证唯物主义和历史唯物主义的光芒，而且继承和发展了毛泽东思想、中国特色社会主义理论体系。习近平新时代中国特色社会主义思想已经形成了一个结构合理、逻辑严谨、层次分明的科学理论体系，是实现中华民族伟大复兴的行动指南。习近平新时代中国特色社会主义思想从世界观和方法论的高度深刻回答了中国特色社会主义进入新时代后，中国共产党举什么旗、走什么路、以什么样的精神状态、担负什么样的历史使命、实现什么样的奋斗目标等一系列带有根本性的问题。习近平新时代中国特色社会主义思想源于实践又指导实践，为新时代坚持和发展中国特色社会主义、推进党和国家事业提供了根本遵循，为发展21世纪马克思主义、当代中国马克思主义作出了历史性贡献，是确保党长期执政、带领全国各族人民建设社会主义现代化强国、实现中华民族伟大复兴中国梦的强大思想武器，将其确立为我们党必须长期坚持的指导思想，是全党意愿、是人民期盼。

习近平新时代中国特色社会主义思想在形成和发展过程中，得到了全党全国各族人民的高度认同，并在实践中发挥了巨大指导作用，根本原因就在于，它继承和发扬马克思主义理论品质，贯穿坚定信仰信念、鲜明人民立场、强烈历史担当、求真务实作风、勇于创新精神和科学方法论，呈现出当代中国马克思主义、21世纪马克思主义的鲜明理论特色。

一是坚守真理、传承文明的继承性。习近平新时代中国特色社会主义思想始终坚持马克思主义立场观点方法，处处闪耀着马克思主义真理光辉。特别是在许多重大原则问题上旗帜鲜明坚持和捍卫马克思主义，理直气壮驳斥各种奇谈怪论。这一思想继承和吸收中华民族优秀传统文化，蕴含着丰富的中华民族价值共识、精神追求、政治智慧、历史经验。这一思想，充分吸收人类文明有益成果，积极借鉴别国治国理政经验，展现出宽广视野和博大胸怀。

二是与时俱进、引领未来的创新性。习近平新时代中国特色社会主义思想以我们正在做的事情为中心，直面前进道路上的各种困难和矛盾、风险和挑战，着力探索破解难题、推进事业发展的新理念新思想新战略，讲了许多先辈没有讲过的新话，具有强烈的时代气息和现实针对性。这一思想洞察时代风云，把握时代大势，站在人类发展前沿引领时代潮流，积极探索关系人类前途命运的重大问题，为应对当今世界面临的全球性挑战、解决人类面临的共性问题贡献了中国智慧和中国方案。

三是不忘初心、践行宗旨的人民性。习近平新时代中国特色社会主义思想坚持人民主体地位，尊重人民首创精神，注重从人民群众中汲取智慧和力量，时刻关注人民群众的喜怒哀乐，体现了亲民、爱民、忧民、为民的真挚情怀。这一思想坚持把人民对美好生活的向往作为奋斗目标，把让老百姓过上好日子作为全部工作的出发点和落脚点，始终为人民代言、为人民立言，充分体现了立党为公、执政为民的执政理念，体现了为中国人民谋幸福、为中华民族谋复兴的使命担当，体现了人民至上的价值追求。

四是实事求是、把握规律的科学性。习近平新时代中国特色社会主义思想立足社会主义初级阶段这个最大实际，准确把握我国发展的阶段性特征和我国社会主要矛盾的新变化，坚持一切从实际出发，勇于破除一切不合时宜的思想观念和体制机制弊端。这一思想积极探索规律、自觉遵循规律，按照客观规律要求谋划事业发展，正确处理尊重客观规律与发挥主观能动性的关系，使我们党对共产党执政规律、社会主义建设规律、人类社会发展规律的认识达到了新的高度。

习近平总书记对关系新时代党和国家事业发展的一系列重大理论和实践问题进行了深邃思考和科学判断，就新时代坚持和发展什么样的中国特色社会主义、怎样坚持和发展中国特色社会主义，建设什么样的社会主义现代化强国、怎样建设社会主义现代化强国，建设什么样的长期执政的马克思主义政党、怎样建设长期执政的马克思主义政党等重大时代课题，提出一系列原创性的治国理政新理念新思想新战略，是习近平新时代中国特色社会主义思想的主要创立者。习近平新时代中国特色社会主义思想是当代中国马克思主义、21 世纪马克思主义，是中华文化和中国精神的时代精华，实现了马克思主义中国化新的飞跃。党确立习近平同志党中央的核心、全党的核心地位，确立习近平新时代中国特色社会主义思想的指导地位，反映了全党全军全国各族人民共同心愿，对新时代党和国家事业发展、对推进中华民族伟大复兴历史进程具有决定性意义。

深入学习贯彻习近平新时代中国特色社会主义思想，必须在学懂弄通做实上下功夫。深刻认识习近平新时代中国特色社会主义思想的时代意义、理论意义、实践意义、世界意义，深刻理解这一思想的核心要义、精神实质、丰富内涵、实践要求，深刻体悟这一思想彰显和贯穿的坚定理想信念、真挚人民情怀、高度自觉自信、无畏担当精神、科学思想方法。要在弄通上下功夫。把学习领会习近平新时代中国特色社会主义思想同学习马克思列宁主义、毛泽东思想、邓小平理论、“三个代表”重要思想、科学发展观贯通起来，同学习党史、国史、社会主义发展史贯通起来，同进行伟大斗争、建设伟大工程、推进伟大事业、实现伟大梦想的实践贯通起来，同落实党的十八大以来党中央作出的各项战略部署贯通起来，准确把握这一思想的理论逻辑、历史逻辑、实践逻辑。要在做实上下功夫。大力弘扬马克思主义学风，紧密结合新时代新实践新要求，紧密结合思想和工作实际，强化问题导向、实践导向、需求导向、效果导向，把自己摆进去、把职责摆进去、把工作摆进去，更加自觉地用习近平新时代中国特色社会主义思想指导解决改革发展稳定的重大问题、人民群众反映强烈的突出问题、党的建设面临的紧迫问题，切实把学习成效转化为推动党和国家事业发展的强大力量。

全党必须坚持马克思列宁主义、毛泽东思想、邓小平理论、“三个代表”重要思想、科学发展观，全面贯彻习近平新时代中国特色社会主义思想，用马克思主义的立场、观点、方法观察时代、把握时代、引领时代，不断深化对中国道路的认识。要用马克思主义中国化最新成果武装头脑，把理论武装的成效切实转化为实际行动，以此不断坚定中国特色社会主义的道路自信、理论自信、制度自信、文化自信，坚定不移走好中国道路。

第四章

中国道路的科学布局

中国共产党在领导中国人民进行革命、建设、改革的伟大实践中，坚持辩证唯物主义和历史唯物主义，将马克思主义基本原理与中国具体实际相结合，逐步形成了中国特色社会主义事业“五位一体”总体布局和“四个全面”战略布局，为实现中华民族伟大复兴的中国梦提供了实施路径和战略举措。

一、“布局” 逐步形成

1.“五位一体”布局的形成

新民主主义革命时期，中国共产党充分运用经济基础决定上层建筑的基本原理，理论联系实际，在革命根据地带领人民进行经济建设，推动土地改革，发展农业、工业、商业贸易与合作社，为政治建设、军事斗争奠定坚实的物质基础。毛泽东同志指出："革命战争的激烈发展，要求我们动员群众，立即开展经济战线上的运动，进行各项必要和可能的经济建设事业。"社会主义革命建设时期，中国共产党领导人民在经济、政治等方面取得了许多重大成就。完成了"三大改造"，即逐步对国家的农业、手工业和资本主义工商业进行了社会主义改造，确立了社会主义经济制度。

党的十一届三中全会后，中国共产党立足中国国情，明确以经济建设为中心，大力发展生产力。邓小平同志强调："我们要在大幅度提高社会生产力的同时，改革和完善社会主义的经济制度和政治制度，发展高度的社会主义民主和完备的社会主义法制。我们要在建设高度物质文明的同时，提高全民族的科学文化水平，发展高尚的丰富多彩的文化生活，建设高度的社会主义精神文明。"这明确了经济是基础，政治和文化是经济的集中表现，物质文明和精神文明对于社会主义现代化建设同样重要。

1986年9月，党的十二届六中全会通过了《中共中央关于社会主义精神文明建设指导方针的决议》，决议明确，“我国社会主义现代化建设的总体布局是：以经济建设为中心，坚定不移地进行经济体制改革，坚定不移地进行政治体制改革，坚定不移地加强精神文明建设，并且使这几个方面互相配合，互相促进”。可以说，经济建设、政治体制、精神文明的互相配合与互相促进使得总体布局初具形态。

2006年10月，党的十六届六中全会审议通过了《中共中央关于构建社会主义和谐社会若干重大问题的决定》，明确“社会主义和谐社会是经济建设、政治建设、文化建设、社会建设协调发展的社会，是人与人、人与社会、人与自然整体和谐的社会”。党的十七大提出：“坚持中国特色社会主义经济建设、政治建设、文化建设、社会建设的基本目标和基本政策构成的基本纲领。”“社会建设”进入总体布局，这使得总体布局日趋完善。

党的十八大报告指出，“把生态文明建设放在突出地位，融入经济建设、政治建设、文化建设、社会建设各方面和全过程，努力建设美丽中国，实现中华民族永续发展”。明确将生态文明建设纳入中国特色社会主义事业总体布局之中，至此，“五位一体”总体布局正式形成。

2.“四个全面”布局的形成

党的十八大明确指出，我国进入全面建成小康社会的决定性阶段。党的十八届五中全会审议通过了《中共中央关于制定国民经济和社会发展第十三个五年规划的建议》，确认“十三五”时期是全面建成小康社会的决胜阶段，提出全面建成小康社会新的目标要求。党的十九大进一步指出，我们既要全面建成小康社会、实现第一个百年奋斗目标，又要乘势而上开启全面建设社会主义现代化国家新征程，向第二个百年奋斗目标进军。习近平总书记在庆祝中国共产党成立一百周年大会上庄严宣告，经过全党全国各族人民持续奋斗，我们实现了第一个百年奋斗目标，在中华大地上全面建成了小康社会，历史性地解决了绝对贫困问题。

党的十一届三中全会开启了我国改革开放的伟大征程。此后40多年里，我国的改革从农村到城市，覆盖经济、政治、文化、社会、生态文明等多层次多领域。党的十八大进一步提出“全面深化改革开放”的目标。党的十八届三中全会审议通过的《中共中央关于全面深化改革若干重大问题的决定》，提出了全面深化改革的指导思想、目标任务、重大原则，描绘了全面深化改革的新蓝图、新愿景、新目标，为全面深化经济体制、政治体制、文化体制、社会体制、生态文明体制、国防和军队改革以及党的建设制度改革作出了全面系统的部署。

党的十五大强调："依法治国，是党领导人民治理国家的基本方略，是发展社会主义市场经济的客观需要，是社会文明进步的重要标志，是国家长治久安的重要保障。"党的十八大明确提出"全面推进依法治国"的要求。党的十八届四中全会审议通过的《中共中央关于全面推进依法治国若干重大问题的决定》，对全面推进依法治国作出了全面系统的部署。

党的十三大正式提出把从严治党作为新时期加强党的建设的基本方针。党的十四大首次把"从严治党"载入党章的总纲，党章总纲规定："必须紧密围绕党的基本路线加强党的建设，坚持从严治党，发扬党的优良传统和作风，提高党的战斗力，把党建设成为领导全国人民沿着有中国特色的社会主义道路不断前进的坚强核心。"党的十八届六中全会总结了我们党开展党内政治生活的历史经验，分析了全面从严治党面临的形势和任务，认为办好中国的事情，关键在党，关键在党要管党、从严治党。

2014 年 12 月 13 日至 14 日，习近平总书记在江苏调研时指出，“协调推进全面建成小康社会、全面深化改革、全面推进依法治国、全面从严治党，推动改革开放和社会主义现代化建设迈上新台阶”，首次提出了“四个全面”战略布局。2015 年 2 月，在中央党校省部级主要领导干部学习贯彻十八届四中全会精神全面推进依法治国专题研讨班上，习近平总书记进一步指出：“党的十八大以来，党中央从坚持和发展中国特色社会主义全局出发，提出并形成了全面建成小康社会、全面深化改革、全面依法治国、全面从严治党的战略布局。这个战略布局，既有战略目标，也有战略举措，每一个‘全面’都具有重大战略意义。全面建成小康社会是我们的战略目标，全面深化改革、全面依法治国、全面从严治党是三大战略举措……努力做到‘四个全面’相辅相成、相互促进、相得益彰。”党的十八届三中、四中、五中、六中全会相继就全面深化改革、全面依法治国、全面建成小康社会、全面从严治党做了专题研究设计和整体部署。

党的十九届五中全会明确指出，“十三五”规划目标任务即将完成，全面建成小康社会胜利在望，中华民族伟大复兴向前迈出了新的一大步，要协调推进全面建设社会主义现代化国家、全面深化改革、全面依法治国、全面从严治党的战略布局。“全面建成小康社会”成为“全面建设社会主义现代化国家”，“四个全面”战略布局有了最新的表述，这意味着，中国的发展进入了新的阶段，中华民族和中国人民正在朝着第二个百年奋斗目标大踏步前进。

“五位一体”总体布局和“四个全面”战略布局是中国特色社会主义事业的理论成果和

生动实践，科学回答了建设什么样的中国特色社会主义和怎样建设中国特色社会主义的根本问题，深刻把握了中国特色社会主义事业的发展规律，为党统筹协调推进各项事业提供了行动指南，对实现中华民族伟大复兴的中国梦具有十分重要的现实意义。

二、“五位一体”总体布局

1. 经济建设

党的十九届六中全会通过的《中共中央关于党的百年奋斗重大成就和历史经验的决议》指出，“立足新发展阶段、贯彻新发展理念、构建新发展格局、推动高质量发展”。这为经济建设明确了努力方向和具体措施。

从全面建成小康社会到开启全面建设社会主义现代化国家新征程，从第一个百年奋斗目标到第二个百年奋斗目标，这标志着我国进入了新发展阶段。新发展阶段是中国特色社会主义事业所处的新的历史方位，是实现中华民族伟大复兴中国梦的新阶段。立足新发展阶段，我们要继续坚定不移地贯彻落实创新、协调、绿色、开放、共享的新发展理念，并将其落实到发展的各领域各方面各环节。实施创新驱动发展战略，加快建设创新型国家。创新是引领发展的第一动力，是建设现代化经济体系的战略支撑。习近平总书记指出，抓住了创新，就抓住了牵动经济社会发展全局的“牛鼻子”。要强化国家战略科技力量，把科技自立自强作为国家发展的重要支柱，提升企业技术创新能力，激发人才创新活力，完善科技创新体制机制。实施区域协调发展战略，推动形成全面开放新格局。

把扩大内需与深化供给侧结构性改革有机结合起来。扩大内需，发挥消费对经济发展的基础性作用，打破行业垄断和地方保护，畅通国内经济良性循环，形成强大的国内市场；深化供给侧结构性改革，供给侧即侧重于供给方，通过改革的手段调整供给结构，优化要素配置，提高供给效率和质量，以适应需求变化，更好地满足广大人民群众的需要，达到更高水平的供需动态平衡。在国内大循环的基础上，吸引全球要素资源，充分利用国内国际两个市场两种资源，促进内需和外需、进口和出口、引进外资和对外投资协调发展，优化进出口结构，促进国内国际双循环，加快构建以国内大循环为主体、国内国际双循环相互促进的新发展格局。

加快发展现代产业体系，推动经济体系优化升级。把发展经济的着力点放在实体经济上，提升产业链供应链现代化水平，发展战略性新兴产业，加快发展现代服务业，统筹推进基础设施建设，加快数字化发展。坚持农业农村优先发展，全面推进乡村振兴。把乡村建设摆在社会主义现代化建设的重要位置，加快农业农村现代化。充分发挥市场在资源配置中的决定性作用，激发各类市场主体活力，发挥好政府的作用，完善宏观调控体制机制，构建高水平的社会主义市场经济体制，推动经济高质量发展。

2. 政治建设

坚持中国共产党领导、人民当家作主、依法治国有机统一。党的领导是人民当家作主和依法治国的根本保证，不断改进党的领导方式和执政方式，完善党总揽全局、协调各方的领导制度体系，有利于中国共产党领导人民更加有效地治理国家，将党的领导贯穿于国家发展的全过程和各领域。人民当家作主是社会主义民主政治的本质特征，人民代表大会制度是发展全过程人民民主、保障人民当家作主的重要制度载体，通过人民代表大会制度这一根本政治制度安排，可以保障人民依法进行民主选举、民主协商、民主决策、民主管理和民主监督，保证人民依法通过各种途径和形式管理国家事务、管理经济文化事业、管理社会事务，扩大人民有序政治参与，保证人民依法享有广泛权利和自由。依法治国是中国共产党领导人民治理国家的基本方略。党的领导、人民当家作主、依法治国三者统一于中国特色社会主义民主政治的伟大实践。

推动中国特色社会主义政治制度自我完善和不断发展。坚持和完善中国共产党领导的多党合作和政治协商制度，秉持“长期共存、互相监督、肝胆相照、荣辱与共”的基本方针，支持中国特色社会主义参政党按照要求更好地履行职能，提高民主党派致力于中国特色社会主义建设的能力和水平。充分发挥人民政协政治协商、参政议政、民主监督的重要职能，将协商民主贯穿于人民政协工作的全过程，完善人民政协专门协商机构制度建设，发挥社会主义协商民主的独特优势。完善和健全基层群众自治制度，落实人民群众自我管理、自我服务、自我教育、自我监督。坚持和完善民族区域自治制度，铸牢中华民族共同体意识，巩固平等团结互助和谐的社会主义民族关系，促进各民族共同团结奋斗、共同繁荣发展。坚持党的宗教工作基本方针，坚持我国宗教的中国化方向，积极引导宗教与社会主义社会相适应。巩固和发展爱国统一战线，完善大统战工作格局，促进政党关系、民族关系、宗教关系、阶层关系、海内外同胞关系和谐，努力寻求最大公约数、画出最大同心圆。发挥好工会、共青团、妇联等人民团体和群众组织作用，全面贯彻党的侨务政策，汇聚起实现中华民族伟大复兴的磅礴力量。

3. 文化建设

文化是一个国家、一个民族的灵魂。文化自信是更基础、更广泛、更深厚的自信。中国特色社会主义文化，来源于五千多年中华民族文明史所孕育的中华优秀传统文化，熔铸于党领导人民在革命、建设、改革中创造的革命文化和社会主义先进文化，植根于中国特色社会主义伟大实践。

牢牢掌握意识形态工作领导权，建设具有强大凝聚力和引领力的社会主义意识形态。意识形态决定了文化的前进方向。坚持马克思主义在意识形态领域的指导地位，深化理论武装，加强马克思主义理论研究，加快构建中国特色哲学社会科学的学科体系，推进马克思主义中国化时代化。坚持正确的舆论导向，提高新闻舆论的传播力、影响力、引导力和公信力，注重传播手段的创新，促进媒体深度融合，支持新型主流媒体做强。互联网是意识形态斗争的主阵地主战场，要健全互联网内容建设和领导管理体制，依法管网治网，建立完善网络综合治理体系。

培育和践行社会主义核心价值观。社会主义核心价值观是全体中华儿女共同的价值追求。人民有信仰，国家有力量，民族有希望。持续推进中国特色社会主义和中国梦的宣传教育，广泛开展革命文化的研究和宣传，大力弘扬党和人民在各个历史时期形成的伟大精神。推动理想信念教育制度化常态化，完善用党的创新理论武装全党、教育人民的工作体系，加强学习党史、新中国史、改革开放史、社会主义发展史。坚持以先进的社会主义文化培根铸魂，注重培养担当民族复兴大任的时代新人。将社会主义核心价值观贯穿于国民教育、精神文明创建和文化产品生产创作的全过程。将社会效益放在首位，坚持社会效益和经济效益相统一，不断完善现代文化产业体系。

传承并弘扬好中华优秀传统文化。中华优秀传统文化是中华民族的突出优势，是我们在世界文化激荡中站稳脚跟的根基。坚持系统性保护重要自然和文化遗产以及非物质文化遗产，推动中华优秀传统文化创造性转化、创新性发展。坚持以人民为中心的创作导向，繁荣发展社会主义文艺。提升中华文化的国际传播能力，加强对外文化交流和多层次文明对话，讲好中国故事，传播好中国声音，提升中华文化影响力，提高国家文化软实力，促进人类文明交流互鉴。

4. 社会建设

人民对美好生活的向往就是我们党的奋斗目标。为保障和改善民生，我们党始终把人民利益摆在至高无上的位置，在教育、就业、医疗卫生、社会保障等领域进行有效的政策支持，不断健全公共服务体系，打造共建共治共享的社会治理格局，提高人民群众的获得感、幸福感和安全感。

全面贯彻党的教育方针，把教育事业摆在优先地位。建设教育强国作为中华民族伟大复兴的基础工程，必须推进教育现代化，坚持立德树人，进行素质教育，培育德智体美劳全面发展的社会主义建设者和接班人。促进城乡义务教育均衡化一体化发展，让每一个孩子都能平等地享有有质量的教育，推进基本公共教育均等化。提高职业技术教育的适应性，提升高等教育的质量，建设高素质专业化教师队伍，建设学习型社会，提高国民素质。

大力推进就业、收入分配、公共卫生服务等领域的改革。就业是民生之本，坚持积极就业政策，解决就业的结构性矛盾，使人民能够通过辛勤劳动实现自身发展价值，实现更高质量的就业水平。健全分配制度，优化收入分配结构，提高劳动者的积极性。扩大中等收入群体，调节过高收入，取缔非法收入，增加低收入者收入，发挥好再分配调节的作用，缩小收入分配差距。实施健康中国战略，建设体育强国。坚持预防为主的方针，构建国家公共卫生服务体系，深化医药卫生体制改革，健全全民医保制度，推动中医药传承创新。开展全民健身运动和爱国卫生运动，形成健康生活方式，增强人民体质。

健全社会保障体系，加快完善覆盖全民、城乡统筹、权责明晰、保障适度、可持续的多层次社会保障体系。健全完善社会保险制度、社会救助和慈善制度、退役军人工作体系和保障制度。探索人口长期发展战略研究，优化生育政策，提升适度生育水平，健全婴幼儿发展政策，为应对人口老龄化问题不断完善养老服务体系，促进人口长期均衡发展。注重家庭家教家风建设，促进男女平等和妇女全面发展，提升未成年人关爱服务水平，提高残疾人保障和发展能力。加快建立多主体供给、多渠道保障、租购并举的住房制度。

构建基层社会治理新格局，有效维护国家安全和社会稳定。夯实基层社会治理基础，健全党组织领导的自治、法治、德治相结合的城乡基层社会治理体系，完善基层民主协商制度，健全社区管理和服务机制。做好防灾减灾、安全生产工作，建设国家应急管理体系，坚持系统治理、依法治理、综合治理、源头治理，营造人民安居乐业、社会安定有序的良好局面。

5. 生态文明建设

生态文明建设是关乎中华民族永续发展的根本大计，绿水青山就是金山银山。人类与自然是紧密相连的生命共同体，人类只有遵循自然规律、保护自然环境、与自然和谐共处，才能享有健康和谐美丽的生活空间。坚持绿色发展理念，倡导简约适度、绿色低碳的生活方式，坚持循环经济理念，构建多层次资源高效循环利用体系，提高各种资源的利用效率。发展绿色经济，推动节能环保、清洁生产、清洁能源、基础设施绿色升级、绿色服务等产业发展。完善绿色发展政策体系，加大绿色发展的法律和政策保障，实施有利于节能环保和资源综合利用的税收政策。尊重自然、顺应自然、保护自然，建设资源节约型、环境友好型社会，坚持走生产发展、生活富裕、生态良好的绿色发展道路，促进人与自然和谐共生。

坚持节约优先、保护优先、自然恢复为主的方针，系统治理山水林田湖草，整体提高生态系统的自我修复能力，注重改善自然生态系统质量。退耕还林还草、退田还湖还湿、退围还滩还海，使草原森林河流湖泊休养生息，健全生态保护补偿机制。打好污染防治攻坚战，坚持源头防治、综合施策，精准、科学、依法、系统地治理污染，降低碳排放，不断改善空气质量，有效防范土壤污染风险。提升环境基础设施水平，完善集污水、垃圾、固废、危废、医废处理处置设施和监测监管能力于一体的环境基础设施体系，构建分类投放、分类收集、分类运输、分类处理的生活垃圾处理系统。严密防控环境风险，建立健全重点风险源评估预警和应急处置机制。积极参与全球环境治理，沉着应对气候变化，落实 2030 年应对气候变化国家自主贡献目标，坚持公平、共同但有区别的责任及各自能力原则，建设性地参与和引领应对气候变化国际合作。

三、“四个全面” 战略布局

1. 全面建设社会主义现代化国家

站在“两个一百年”的历史交汇点，我们

在中国共产党成立一百年时实现全面建成小康社会的目标基础上，乘势而上继续向新中国成立一百年时建成富强民主文明和谐美丽的社会主义现代化强国的宏伟目标迈进。在决胜全面建成小康社会的“十三五”时期，我们取得了众多成就，但我国发展环境依然面临着复杂多变的机遇和挑战，立足于中华民族伟大复兴战略全局和世界百年未有之大变局，中国共产党吹响了全面开启建设社会主义现代化国家新征程的号角，对“十四五”时期经济社会发展和2035年远景目标进行了全面部署。

经济发展取得新成效。发展是第一要务，必须适应我国主要矛盾的变化，贯彻落实新发展理念，推动高质量发展。构建现代化经济体系取得显著成效，使劳动生产率大大提高，创新能力明显加强，经济结构得到优化，城乡区域协调发展更上台阶，实现经济社会持续健康发展。改革开放迈出新步伐。社会主义市场经济制度体制机制更加健全，市场主体更具活力，经济体制改革取得重大进展，基本形成更高水平的开放型经济新体制。国家治理效能得到新提升。社会主义民主法治更加健全，国家行政体系更加完善，政府的行政效率和公信力显著提升，社会治理水平明显提高，防范化解重大风险体制机制不断健全，国家安全保障能力更加突出，国防和军队现代化迈出重大步伐。社会文明程度得到新提高。社会主义核心价值观深入人心，人民群众的思想道德修养、科学文化素质和身心健康显著提高，公共文化服务体系和文化产业体系更加完善，中华文化影响力进一步提升。民生福祉达到新水平。实现更充分更高质量就业，分配结构明显优化，基本公共服务均等化水平明显提高，全民受教育程度不断提升，多层次社会保障体系和卫生健康体系更加健全，乡村振兴战略全面推进，全体人民共同富裕水平显著提升。生态文明建设实现新进步。生产生活方式绿色转型成效明显，国土资源利用合理，资源配置结构更加优化，城乡人居环境显著改善。

展望2035年，我国将基本实现社会主义现代化。综合国力将大幅跃升，经济总量和城乡居民人均收入将再迈一个新的大台阶，关键核心技术实现重大突破，进入创新型国家前列。基本实现新型工业化、信息化、城镇化、农业现代化，建成现代化经济体系。参与国际经济合作竞争力显著提高，对外开放新格局形成。基本实现国家治理体系和治理能力现代化，人民平等参与国家各项事务，人民平等发展权利得到充分保障，法治国家、法治政府、法治社会基本建成。平安中国建设达到更高水平，国防和军队现代化基本实现。建成文化强国、教育强国、人才强国、体育强国、健康中国，国民素质和社会文明程度达到新高度，国家文化软实力明显增强。人均国内生产总值达到中等发达国家水平，中等收入群体显著扩大，基本公共服务实现均等化，城乡区域发展差距和居民生活水平差距显著缩小。形成绿色生产生活方式，碳排放达峰后稳中有降，基本实现美丽中国建设目标。

2．全面深化改革

党的十八届三中全会是划时代的，实现改革由局部探索、破冰突围到系统集成、全面深化的转变，开创了我国改革开放新局面。

全面深化改革的总目标是完善和发展中国特色社会主义制度、推进国家治理体系和治理能力现代化。加强改革的系统性、整体性和协同性，不断发展完善社会主义市场经济、民主政治、先进文化、和谐社会、生态文明，让人人更多更公平地享有发展成果。全面深化改革的重点是经济体制改革，核心问题是处理好政府和市场的关系，发挥好市场在资源配置中的决定性作用，转变政府职能，完善政府宏观调控体系，坚持和健全以公有制为主体、多种所有制经济共同发展的基本经济制度。深化政治体制改革，围绕坚持党的领导健全党的领导制度体系，围绕人民当家作主完善人民代表大会制度、中国共产党领导的多党合作和政治协商制度、民族区域自治制度、基层群众自治制度，围绕依法治国深化司法体制改革和行政执法体制改革，健全完善惩治和预防腐败体系和改进作风常态化制度。深化文化体制改革，坚持社会主义先进文化前进方向和中国特色社会主义文化发展道路，以人民为中心，完善文化管理体制和文化生产经营机制，建立健全现代公共文化服务体系和现代文化市场体系，增强国家文化软实力。深化社会体制改革，改革收入分配制度，深化教育领域综合改革和医药卫生体制改革，创新社会治理，健全有效预防和化解社会矛盾体制，完善公共安全体系。完善国家安全体制和国家安全战略。深化生态文明体制改革，改革国土空间开发、资源节约利用、生态环境保护的体制机制，完善资源有偿使用制度和生态补偿制度。此外，还需深化军队体制编制调整改革和干部人事制度改革。

全面深化改革，需立足于我国仍然并将长期处于社会主义初级阶段这一基本国情和最大实际，坚持发展是解决我国所有问题的关键和基础，发挥经济体制改革的牵引作用，推动生产关系与生产力相适应，推动上层建筑与经济基础相适应，推动经济社会持续健康发展。

3. 全面依法治国

全面依法治国是中国特色社会主义的本质要求和重要保障，是国家治理的一场深刻革命。全面推进依法治国的总目标是建设中国特色社会主义法治体系，建设社会主义法治国家。《中共中央关于党的百年奋斗重大成就和历史经验的决议》指出，“必须坚持中国特色社会主义法治道路，贯彻中国特色社会主义法治理论，坚持依法治国、依法执政、依法行政共同推进，坚持法治国家、法治政府、法治社会一体建设，全面增强全社会尊法学法守法用法意识和能力”。

科学立法，完善以宪法为核心的中国特色社会主义法律体系。法律是治国之重器，良法是善治之前提。建设中国特色社会主义法治体系，必须坚持立法先行，发挥立法的引领和推动作用，抓住提高立法质量这个关键。健全立法体制机制，加强党对立法工作的领导，健全有立法权的人大主导立法工作的体制机制，依法赋予设区的市地方立法权。深入推进科学立法、民主立法，完善立法项目征集和论证制度，健全立法机关主导、社会各方有序参与立法的途径和方式。加强重点领域立法，加快完善体现权利公平、机会公平、规则公平的法律制度。

严格执法，深入推进依法行政，加快建设法治政府。法律的生命力在于实施，法律的权威也在于实施。依法全面履行政府职能，推行政府权力清单制度。健全依法决策机制，建立行政机关内部重大决策合法性审查机制和重大决策终身责任追究制度及责任倒查机制。严格规范公正文明执法，依法惩处各类违法行为。全面落实行政执法责任制。强化对行政权力的制约和监督，完善纠错问责机制。全面推进政务公开。各级政府必须坚持在党的领导下、在法治轨道上开展工作，加快建设职能科学、权责法定、执法严明、公开公正、廉洁高效、守法诚信的法治政府。

公正司法，提高司法公信力。公正是法治的生命线。必须完善司法管理体制和司法权力运行机制，规范司法行为，加强对司法活动的监督，努力让人民群众在每一个司法案件中感受到公平正义。完善确保依法独立公正行使审判权和检察权的制度，建立领导干部干预司法活动、插手具体案件处理的记录、通报和责任追究制度，建立健全司法人员履行法定职责保护机制。实行办案质量终身负责制和错案责任倒查问责制。完善人民陪审员制度，加强人权司法保障，完善人民监督员制度。

全民守法，增强全民法治观念，推进法治社会建设。法律的权威源自人民的内心拥护和真诚信仰。人民权益要靠法律保障，法律权威要靠人民维护。推动全社会树立法治意识，深入开展法治宣传教育。建设完备的法律服务体系，推进覆盖城乡居民的公共法律服务体系建设。完善法律援助制度，健全司法救助体系。健全依法维权和化解纠纷机制，建立健全社会矛盾预警机制、利益表达机制、协商沟通机制、救济救助机制，畅通群众利益协调、权益保障法律渠道。完善立体化社会治安防控体系，保障人民生命财产安全。

4. 全面从严治党

全面从严治党，进行具有许多新的历史特点的伟大斗争，推进中国特色社会主义伟大事业，实现中华民族伟大复兴，需要不断推进党的建设的新的伟大工程。习近平总书记强调，打铁必须自身硬，办好中国的事情，关键在党，关键在党要管党、全面从严治党。全面从严治党的核心是加强党的领导，基础在全面，重点是抓住“关键少数”，关键在严，要害在治。《中共中央关于党的百年奋斗重大成就和历史经验的决议》指出，“必须以加强党的长期执政能力建设、先进性和纯洁性建设为主线，以党的政治建设为统领，以坚定理想信念宗旨为根基，以调动全党积极性、主动性、创造性为着力点，不断提高党的建设质量，把党建设成为始终走在时代前列、人民衷心拥护、勇于自我革命、经得起各种风浪考验、朝气蓬勃的马克思主义执政党”。

把党的政治建设摆在首位。党的政治建设是党的根本性建设，决定党的建设方向和效果。要把准政治方向，坚持党的政治领导，夯实政治根基，涵养政治生态，防范政治风险，永葆政治本色，提高政治能力，为我们党不断发展壮大、从胜利走向胜利提供重要保证。

坚定理想信念。理想信念是共产党人精神上的“钙”，共产党人如果没有理想信念，精神上就会“缺钙”，就会得“软骨病”。因此，共产党人必须用党的创新理论武装全党，学习马克思主义基本理论和马克思主义中国化最新成果，把理想信念建立在对科学理论的理性认同上，建立在对历史规律的正确认识上，建立在对基本国情的准确把握上。

坚持全心全意为人民服务的根本宗旨。《中共中央关于党的百年奋斗重大成就和历史经验的决议》指出，“我们党来自人民、植根人民、服务人民，一旦脱离群众就会失去生命力，全面从严治党必须从人民群众反映强烈的作风问题抓起”。人民立场是党的根本政治立场，人民群众是党的力量之源、执政之基。坚持以人民为中心的发展思想，让人民共享改革发展成果。坚持立党为公、执政为民，严厉防范和查处一切以权谋私的现象，防止党内出现既得利益集团。只有真正秉持全心全意为人民服务的根本宗旨，才能有效防止形式主义、官僚主义、享乐主义和奢靡之风，才不至于陷入脱离群众的风险，才能保持党与人民群众的血肉联系，夯实党的群众基础。

勇于自我革命，是中国共产党最鲜明的品格，是坚持真理、修正错误的崇高追求，是刀刃向内、无私无畏的政治勇气，是全方位、全过程变革的历史担当，是革故鼎新、守正出新的实际行动。只有更加自觉地坚定党性原则，发扬彻底的自我革命精神，才能不断增强党自我净化、自我完善、自我革新、自我提高的能力。

第五章

中国道路的制度保障

道路和制度紧密相连，道路的成功离不开制度的保障，中国特色社会主义制度有力保障了中国道路行稳致远。

一、中国特色社会主义制度是根本制度保障

历史和现实启示我们：制度是关系党和国家事业发展的根本性、全局性、稳定性、长期性问题。改革开放以来，我们坚持和完善中国特色社会主义制度，坚持守正创新，将坚持正确方向的定力与勇敢创新的自觉统一起来，为中国特色社会主义道路提供了根本制度保证。

始终坚持人民主体地位。以人民为中心，

不断增进人民福祉，这是中国特色社会主义制度的核心价值取向，也是中国特色社会主义制度成熟稳定巩固的政治基础。《中华人民共和国宪法》第二条规定：“中华人民共和国的一切权力属于人民。”中华人民共和国成立以来，无论世界风云变幻，中国特色社会主义始终能够大道康庄，中国特色社会主义制度始终能够生机勃发，最根本的原因就是得到中国人民的支持。党的十九届四中全会提出的十三条需要突出坚持和完善的制度，处处贯彻着人民至上的政治理念和政治价值。可以说，只有在任何时候都把人民放在制度建设的中心位置，只有始终把满足人民需求作为制度改革的驱动牵引，这样的制度才能真正为人民所坚持和拥护，这样的制度才真正具有长青的政治生命力。

始终坚持党中央权威不动摇。当前，世界正处在百年未有之大变局，在大变革大调整的转型时期，一些地区和国家却出现了持续的政治纷争、经济动荡、社会混乱，给人民带来巨大痛苦。反观中国，则是团结稳定、众志成城，整个社会的精神状态表现出高昂向上的精气神。那么，中国风景这边独好的秘诀在哪里呢？就在于中国始终有一个毫不动摇的核心权威——中国共产党。中国特色社会主义国家制度和国家治理体系具有多方面的显著优势，首要且具有决定性的优势就是：坚持党的集中统一领导，坚持党的科学理论，保持政治稳定，确保国家始终沿着社会主义方向前进。“事在四方，要在中央。”现代国家治理，既需要各种力量的多方协调，共同发力，更需要一个总揽全局、协调各方的领导核心。如果没有中央权威的存在，只会沦为各说各话，各行其是，其结果必然是歧义丛生，很难形成社会共识，最后影响到国家治理全局。中国特色社会主义制度的优势就在于，在中国国家治理体系的大棋局中，党中央是坐镇中军帐的“帅”，车马炮等各展其长，一盘棋大局分明。

始终坚持走符合中国国情的道路。中国特色社会主义实践的伟大成功，关键在于中国走的是与西方不同的发展道路——中国特色社会主义道路，建立了与西方不同的制度模式——中国特色社会主义制度。归根结底，中国是按照中国的历史、中国的国情、中国的特点选择了适合中国发展的道路和制度。可以说，中国特色社会主义道路和制度的世界意义，最集中体现为各国的发展道路是多样化的，各国都要选择适合自己的发展道路和国家制度。世界上不存在完全相同的政治制度，也不存在适用于一切国家的政治制度模式。各国国情不同，每个国家的政治制度都是独特的，都是由这个国家的人民决定的，都是在这个国家历史传承、文化传统、经济社会发展的基础上长期发展、渐进改进、内生性演化的结果。在一个国家的各种制度中，政治制度处于关键环节。因此，设计和发展国家政治制度，必须注重历史和现实、理论和实践、形式和内容的有机统一。坚持从国情出发、从实际出发，既要把握长期形成的历史传承，又要把握走过的发展道路、积累的政治经验、形成的政治原则，还要把握现实要求、着眼解决现实问题，不能隔断历史。中国特色社会主义制度之所以具有强大生命力和巨大优势，就在于它是以马克思主义为指导，根植中国大地，具有深厚中华文化根基。

始终坚持自我革命的勇气和能力。勇于自我革命是中国共产党区别于其他政党的显著标志。自我革命精神是党永葆青春活力的强大支撑。先进的马克思主义政党不是天生的，而是在不断自我革命中淬炼而成的。尽管每一种制度在其设计之初都力图达到尽善尽美，但是人类历史已有的经验告诉我们，制度都具有自我僵化、自我封闭的内生逻辑——在经历过长时段的运行之后，治理效力的衰退就成为一种无可奈何的必然趋势。如何走出制度衰亡的“历史周期律”，这是中国共产党始终探寻的一个重大政治问题。正所谓“物必先腐而后虫生”！那么，如何才能防止祸起萧墙呢？唯有敢于自我革命，敢于刀刃向内，敢于刮骨疗伤，敢于壮士断腕。这就是中国特色社会主义制度始终具有政治活力的政治秘诀。党历经百年沧桑更加充满活力，其奥秘就在于始终坚持真理、修正错误。党的伟大不在于不犯错误，而在于从不讳疾忌医，积极开展批评和自我批评，敢于直面问题，勇于自我革命。只要我们不断清除一切损害党的先进性和纯洁性的因素，不断清除一切侵蚀党的健康肌体的病毒，就一定能够确保党不变质、不变色、不变味，确保党在新时代坚持和发展中国特色社会主义的历史进程中始终成为坚强领导核心。

二、中国特色社会主义制度的体系

中国特色社会主义制度是党和人民在长期实践探索中形成的科学制度体系，我国国家治理一切工作和活动都依照中国特色社会主义制度展开，我国国家治理体系和治理能力是中国特色社会主义制度及其执行能力的集中体现。当今世界正经历百年未有之大变局，我国正处于实现中华民族伟大复兴关键时期。顺应时代潮流，适应我国社会主要矛盾变化，统揽伟大斗争、伟大工程、伟大事业、伟大梦想，不断满足人民对美好生活新期待，战胜前进道路上的各种风险挑战，必须在坚持和完善中国特色社会主义制度、推进国家治理体系和治理能力现代化上下更大功夫。

坚持和完善党的领导制度体系，提高党科

学执政、民主执政、依法执政水平。中国共产党领导是中国特色社会主义最本质的特征，是中国特色社会主义制度的最大优势，党是最高政治领导力量。必须坚持党政军民学、东西南北中，党是领导一切的，坚决维护党中央权威，健全总揽全局、协调各方的党的领导制度体系，把党的领导落实到国家治理各领域各方面各环节。坚持和完善党的领导制度体系包括建立不忘初心、牢记使命的制度；完善坚定维护党中央权威和集中统一领导的各项制度；健全党的全面领导制度；健全为人民执政、靠人民执政各项制度；健全提高党的执政能力和领导水平制度；完善全面从严治党制度。

坚持和完善人民当家作主制度体系，发展社会主义民主政治。我国是工人阶级领导的、以工农联盟为基础的人民民主专政的社会主义国家，国家的一切权力属于人民。必须坚持人民主体地位，坚定不移走中国特色社会主义政治发展道路，健全民主制度，丰富民主形式，拓宽民主渠道，依法实行民主选举、民主协商、民主决策、民主管理、民主监督，使各方面制度和国家治理更好体现人民意志、保障人民权益、激发人民创造，确保人民依法通过各种途径和形式管理国家事务，管理经济文化事业，管理社会事务。坚持和完善人民当家作主制度体系包括坚持和完善人民代表大会制度这一根本政治制度；坚持和完善中国共产党领导的多党合作和政治协商制度；巩固和发展最广泛的爱国统一战线；坚持和完善民族区域自治制度；健全充满活力的基层群众自治制度。

坚持和完善中国特色社会主义法治体系，提高党依法治国、依法执政能力。建设中国特色社会主义法治体系、建设社会主义法治国家是坚持和发展中国特色社会主义的内在要求。必须坚定不移走中国特色社会主义法治道路，全面推进依法治国，坚持依法治国、依法执政、依法行政共同推进，坚持法治国家、法治政府、法治社会一体建设，加快形成完备的法律规范体系、高效的法治实施体系、严密的法治监督体系、有力的法治保障体系，加快形成完善的党内法规体系，全面推进科学立法、严格执法、公正司法、全民守法，推进法治中国建设。坚持和完善中国特色社会主义法治体系包括健全保证宪法全面实施的体制机制；完善立法体制机制；健全社会公平正义法治保障制度；加强对法律实施的监督。

坚持和完善中国特色社会主义行政体制，构建职责明确、依法行政的政府治理体系。国家行政管理承担着按照党和国家决策部署推动经济社会发展、管理社会事务、服务人民群众的重大职责。必须坚持一切行政机关为人民服务、对人民负责、受人民监督，创新行政方式，提高行政效能，建设人民满意的服务型政府。坚持和完善中国特色社会主义行政体制包括完善国家行政体制；优化政府职责体系；优化政府组织结构；健全充分发挥中央和地方两个积极性体制机制。

坚持和完善社会主义基本经济制度，推动经济高质量发展。公有制为主体、多种所有制经济共同发展，按劳分配为主体、多种分配方式并存，社会主义市场经济体制等社会主义基本经济制度，既体现了社会主义制度优越性，又同我国社会主义初级阶段社会生产力发展水平相适应，是党和人民的伟大创造。必须坚持社会主义基本经济制度，充分发挥市场在资源配置中的决定性作用，更好发挥政府作用，全面贯彻新发展理念，坚持以供给侧结构性改革为主线，加快建设现代化经济体系。坚持和完善社会主义基本经济制度包括毫不动摇巩固和发展公有制经济，毫不动摇鼓励、支持、引导非公有制经济发展；坚持按劳分配为主体、多种分配方式并存；加快完善社会主义市场经济体制；完善科技创新体制机制；建设更高水平开放型经济新体制。

坚持和完善繁荣发展社会主义先进文化的制度，巩固全体人民团结奋斗的共同思想基础。发展社会主义先进文化、广泛凝聚人民精神力量，是国家治理体系和治理能力现代化的深厚支撑。必须坚定文化自信，牢牢把握社会主义先进文化前进方向，围绕举旗帜、聚民心、育新人、兴文化、展形象的使命任务，坚持为人民服务、为社会主义服务，坚持百花齐放、百家争鸣，坚持创造性转化、创新性发展，激发全民族文化创造活力，更好构筑中国精神、中国价值、中国力量。坚持和完善繁荣发展社会主义先进文化的制度包括坚持马克思主义在意识形态领域指导地位的根本制度；坚持以社会主义核心价值观引领文化建设制度；健全人民文化权益保障制度；完善坚持正确导向的舆论引导工作机制；建立健全把社会效益放在首位、社会效益和经济效益相统一的文化创作生产体制机制。

坚持和完善统筹城乡的民生保障制度，满足人民日益增长的美好生活需要。增进人民福祉、促进人的全面发展是我们党立党为公、执政为民的本质要求。必须健全幼有所育、学有所教、劳有所得、病有所医、老有所养、住有所居、弱有所扶等方面国家基本公共服务制度体系，尽力而为，量力而行，注重加强普惠性、基础性、兜底性民生建设，保障群众基本生活。创新公共服务提供方式，鼓励支持社会力量兴办公益事业，满足人民多层次多样化需求，使改革发展成果更多更公平惠及全体人民。坚持和完善统筹城乡的民生保障制度包括健全有利于更充分更高质量就业的促进机制；构建服务全民终身学习的教育体系；完善覆盖全民的社会保障体系；强化提高人民健康水平的制度保障。

坚持和完善共建共治共享的社会治理制度，保持社会稳定、维护国家安全。社会治理是国家治理的重要方面。必须加强和创新社会治理，完善党委领导、政府负责、民主协商、社会协同、公众参与、法治保障、科技支撑的社会治理体系，建设人人有责、人人尽责、人人享有的社会治理共同体，确保人民安居乐业、社会安定有序，建设更高水平的平安中国。坚持和完善共建共治共享的社会治理制度包括完善正确处理新形势下人民内部矛盾有效机制；完善社会治安防控体系；健全公共安全体制机制；构建基层社会治理新格局；完善国家安全体系。

坚持和完善生态文明制度体系，促进人与自然和谐共生。生态文明建设是关系中华民族永续发展的千年大计。必须践行绿水青山就是金山银山的理念，坚持节约资源和保护环境的基本国策，坚持节约优先、保护优先、自然恢复为主的方针，坚定走生产发展、生活富裕、生态良好的文明发展道路，建设美丽中国。坚持和完善生态文明制度体系包括实行最严格的生态环境保护制度；全面建立资源高效利用制度；健全生态保护和修复制度；严明生态环境保护责任制度。

坚持和完善党对人民军队的绝对领导制度，确保人民军队忠实履行新时代使命任务。人民军队是中国特色社会主义的坚强柱石，党对人民军队的绝对领导是人民军队的建军之本、强军之魂。必须牢固确立习近平强军思想在国防和军队建设中的指导地位，巩固和拓展深化国防和军队改革成果，构建中国特色社会主义军事政策制度体系，全面推进国防和军队现代化，确保实现党在新时代的强军目标，把人民军队全面建成世界一流军队，永葆人民军队的性质、宗旨、本色。坚持和完善党对人民军队的绝对领导制度包括坚持人民军队最高领导权和指挥权属于党中央；健全人民军队党的建设制度体系；把党对人民军队的绝对领导贯彻到军队建设各领域全过程。

坚持和完善“一国两制”制度体系，推进祖国和平统一。“一国两制”是党领导人民实现祖国和平统一的一项重要制度，是中国特色社会主义的一个伟大创举。必须坚持“一国”是实行“两制”的前提和基础，“两制”从属和派生于“一国”并统一于“一国”之内。严格依照宪法和基本法对香港特别行政区、澳门特别行政区实行全面管治，坚定维护国家主权、安全、发展利益，维护香港、澳门长期繁荣稳定，绝不容忍任何挑战“一国两制”底线的行为，绝不容忍任何分裂国家的行为。坚持和完善“一国两制”制度体系包括全面准确贯彻“一国两制”“港人治港”“澳人治澳”和高度自治的方针；健全中央依照宪法和基本法对特别行政区行使全面管治权的制度；坚定推进祖国和平统一进程。

坚持和完善独立自主的和平外交政策，推动构建人类命运共同体。推动党和国家事业发展需要和平国际环境和良好外部条件。必须统筹国内国际两个大局，高举和平、发展、合作、共赢旗帜，坚定不移维护国家主权、安全、发展利益，坚定不移维护世界和平、促进共同发展。坚持和完善独立自主的和平外交政策包括健全党对外事工作领导体制机制；完善全方位外交布局；推进合作共赢的开放体系建设；积极参与全球治理体系改革和建设。

坚持和完善党和国家监督体系，强化对权力运行的制约和监督。党和国家监督体系是党在长期执政条件下实现自我净化、自我完善、自我革新、自我提高的重要制度保障。必须健全党统一领导、全面覆盖、权威高效的监督体系，增强监督严肃性、协同性、有效性，形成决策科学、执行坚决、监督有力的权力运行机制，确保党和人民赋予的权力始终用来为人民谋幸福。坚持和完善党和国家监督体系包括健全党和国家监督制度；完善权力配置和运行制约机制；构建一体推进不敢腐、不能腐、不想腐的体制机制。

三、中国特色社会主义制度的显著优势

党的十九届四中全会提出，“中国特色社会主义制度是党和人民在长期实践探索中形成的科学制度体系”，强调“我国国家制度和国家治理体系具有多方面的显著优势”。总的来看，中国特色社会主义制度是当代中国发展进步的根本制度保障，是具有明显制度优势、强大自我完善能力的先进制度。中国特色社会主义制度是一个复杂的系统，相应地，其优势的内涵也十分丰富。

坚持党的集中统一领导，坚持党的科学理

论，保持政治稳定，确保国家始终沿着社会主义方向前进的显著优势。坚持党的集中统一领导作为我国国家制度和国家治理体系的显著优势，是基于对历史经验的深刻总结得出的科学结论，也是被长期发展实践反复证明的科学结论。我国国家制度和国家治理体系是在党的集中统一领导下建立和完善的。当今世界正经历百年未有之大变局，我国正处于实现中华民族伟大复兴关键时期。要战胜前进道路上的各种风险挑战，不断夺取新时代中国特色社会主义新胜利，必须把我国制度优势更好转化为国家治理效能，其中最关键的就是坚持党的集中统一领导，不断开辟“中国之治”新境界。

坚持人民当家作主，发展人民民主，密切联系群众，紧紧依靠人民推动国家发展的显著优势。我国社会主义民主是维护人民根本利益的最广泛、最真实、最管用的民主。发展社会主义民主政治就是要体现人民意志、保障人民权益、激发人民创造活力，用制度体系保证人民当家作主。坚持人民当家作主是社会主义民主政治的本质要求。在我国，人民当家作主首先意味着保障和实现工人阶级和最广大人民群众的基本民主权利。

坚持全面依法治国，建设社会主义法治国家，切实保障社会公平正义和人民权利的显著优势。党的十九大报告着眼于实现中华民族伟大复兴中国梦、实现党和国家的长治久安，明确了建设中国特色社会主义法治体系、建设社会主义法治国家是全面推进依法治国总目标。法令行则国治。法治是国家治理现代化的重要体现，依法治国涉及国家治理各个方面。我们党提出全面依法治国这一具有标志性、创新性、战略性的重要理论命题和实践命题，突出强调“全面”，并围绕全面依法治国提出一系列新理念新思想新战略，在党和国家事业发展全局中、在更加全面更加广泛的层次上谋划和推进依法治国。

坚持全国一盘棋，调动各方面积极性，集中力量办大事的显著优势。这个显著优势是由我国国家结构形式决定的，是党群关系同心圆决定的，是社会主义制度决定的，归根到底是坚持和加强党的全面领导决定的。这个显著优势愈是在完成集体攻关项目、应对自然灾害、迎接重大挑战时，愈容易显示制度本色和优势。我们的国家愈是在大灾大难面前，愈能够显示出国家团结性，社会主义愈能够体现出制度优势。这已经被历史和实践反复证明，也为世人所接受。

坚持各民族一律平等，铸牢中华民族共同体意识，实现共同团结奋斗、共同繁荣发展的显著优势。中华民族共同体意识是国家统一之基、民族团结之本、精神力量之魂。铸牢中华民族共同体意识，是维护国家统一和长治久安的思想保障，是维护民族团结和社会稳定的思想保障，是实现各民族共同发展和共同富裕的思想保障，是实现中华民族伟大复兴中国梦的思想保障。铸牢中华民族共同体意识是新时代党的民族工作的“纲”，紧紧抓住这个“纲”，民族工作就有了根本遵循，有了定海神针。

坚持公有制为主体、多种所有制经济共同发展和按劳分配为主体、多种分配方式并存，把社会主义制度和市场经济有机结合起来，不断解放和发展社会生产力的显著优势。党的十九届四中全会总结实践经验，对社会主义基本经济制度作出新的概括，就是要凸显社会主义基本经济制度的优势。从传统的计划经济体制到前无古人的社会主义市场经济体制，我们的基本经济制度不断完善，为实现经济快速发展奠定了制度基础。我国经济发展获得巨大成功的一个关键因素，就是我们既发挥了市场经济的长处，又发挥了社会主义制度的优越性。坚持和完善社会主义基本经济制度，就一定能推动中国经济转变发展方式、优化经济结构、转换增长动力，推动中国经济实现高质量发展，乘风破浪、行稳致远。

坚持共同的理想信念、价值理念、道德观念，弘扬中华优秀传统文化、革命文化、社会主义先进文化，促进全体人民在思想上精神上紧紧团结在一起的显著优势。增强文化自觉和文化自信，是坚定道路自信、理论自信、制度自信的题中应有之义。习近平总书记多次强调，文化自信是更基本、更深沉、更持久的力量。一个国家、一个民族的强盛，总是以文化兴盛为支撑的，中华民族伟大复兴需要以中华文化发展繁荣为条件。坚定文化自信，牢牢把握社会主义先进文化前进方向，激发全民族文化创造活力，推动社会文明进步和国家发展壮大就有了强大精神力量。我们坚持和完善繁荣发展社会主义先进文化的制度，使全体人民在理想信念、价值理念、道德观念上紧紧团结在一起，一定能为实现中国梦提供强大精神支撑。

坚持以人民为中心的发展思想，不断保障和改善民生、增进人民福祉，走共同富裕道路的显著优势。发展为了人民，发展依靠人民，这是不变的信念。党的十八大报告首次提出“两个一百年”奋斗目标：第一个一百年，是到中国共产党成立一百年时全面建成小康社会；第二个一百年，是到新中国成立一百年时建成富强民主文明和谐美丽的社会主义现代化强国。纵观党的百年奋斗历程，“为中国人民谋幸福，为中华民族谋复兴”的初心和使命在每个阶段都得到印证。

坚持改革创新、与时俱进，善于自我完善、自我发展，使社会始终充满生机活力的显著优势。坚持解放思想、实事求是，坚持改革创新，突出坚持和完善支撑中国特色社会主义制度的根本制度、基本制度、重要制度，着力固根基、扬优势、补短板、强弱项，就能把我国制度优势更好转化为国家治理效能。新时代新征程，继续激扬变中求新、变中求进、变中突破的改革精神，更加充分地发挥我国国家制度和国家治理体系强大的自我完善能力，不断有所发现、有所发明、有所创造、有所前进，我们必将在革故鼎新中不断开辟未来。

坚持德才兼备、选贤任能，聚天下英才而用之，培养造就更多更优秀人才的显著优势。正所谓“为政之要，惟在得人”，我们党历来高度重视选贤任能，始终把选人用人作为关系党和人民事业的关键性、根本性问题来抓，同时坚持党管人才原则，以识才的慧眼、爱才的诚意、用才的胆识、容才的雅量、聚才的良方，把党内和党外、国内和国外各方面优秀人才集聚到党和人民的伟大奋斗中来。

坚持党指挥枪，确保人民军队绝对忠诚于党和人民，有力保障国家主权、安全、发展利益的显著优势。正是因为人民军队在党的绝对领导下有力保障国家主权、安全、发展利益，我们才一步步迎来中华民族伟大复兴的光明前景。有力保障国家主权、安全、发展利益，是全国各族人民根本利益所在，是人民军队的使命所系、职责所在，也是我国国家制度和国家治理体系的优势所在。

坚持“一国两制”，保持香港、澳门长期繁荣稳定，促进祖国和平统一的显著优势。习近平总书记指出，“一国两制”作为中国特色社会主义的一个伟大创举，是完全行得通、办得到、得人心的。“一国两制”是人类政治文明史上具有开创性意义的制度实践。“一国两制”以其蕴含的中国智慧，为国际社会解决国际争端和历史遗留问题提供了中国方案。这种政治实践使我们顺利恢复对香港、澳门行使主权，向着祖国完全统一的目标迈进了一大步。

坚持独立自主和对外开放相统一，积极参与全球治理，为构建人类命运共同体不断作出贡献的显著优势。中国共产党是为中国人民谋幸福的政党，也是为人类进步事业而奋斗的政党。中国提出构建人类命运共同体，正是着眼解决当今世界面临的现实问题、实现人类社会持久和平和永续发展，以天下大同为目标，秉持合作共赢理念，摒弃丛林法则，不搞强权独霸，超越零和博弈，开辟出合作共赢、共建共享的发展新道路，为人类发展提供了新的选择。

这些显著优势，全面反映了我们党在长期治党治国治军实践中取得的成功经验，深刻揭示了中国发展奇迹背后的制度原因和制度优势，是中国道路根本制度保障，是“中国之治”的制度“密码”，也是我们坚定中国特色社会主义道路自信、理论自信、制度自信、文化自信的基本依据。中国特色社会主义制度既深深扎根于中国的社会土壤，又以海纳百川的气度吸收借鉴其他制度文明成果，并随着实践不断完善和发展，必将更加成熟更加定型。

第六章

中国道路的文化形态

党坚持以社会主义核心价值观引领文化建设，注重用社会主义先进文化、革命文化、中华优秀传统文化培根铸魂，这是对中国特色社会主义文化发展的历史经验总结，彰显出强大的文化自信，也为新时代文化发展指明了方向，提供了遵循。

一、社会主义先进文化

马克思主义是人类思想史上最伟大的成果，揭示了人类社会发展的基本规律，为中国特色社会主义先进文化建设指明了正确方向，中国特色社会主义共同理想和共产主义远大理想、马克思主义中国化的制度和理论成果、社会主义核心价值观、以爱国主义为核心的民族精神和以改革创新为核心的时代精神等，共同熔铸了社会主义先进文化。

社会主义先进文化是当代中国的新文化，具有丰富的内涵。发展社会主义先进文化之所以是推动我国经济社会发展和实现中华民族伟大复兴的战略任务，就在于其先进性有着丰富内涵。一是具有科学性。马克思列宁主义是人类优秀文化成果的精华，是建设社会主义先进文化的指导思想。社会主义先进文化体现了当代中国的社会性质和政治理念，即不断推进中国特色社会主义，实现社会主义现代化和中华民族的伟大复兴，因而必然是坚持马克思主义指导地位，具有高度自觉性的文化类型。二是具有时代性。社会主义先进文化植根于中国特色社会主义伟大实践，其发展依据时代的发展不断向纵深推进，取得丰硕文化成果。改革开放以来，我们党坚持走中国特色社会主义文化发展道路，凝聚中国特色社会主义共同理想，建设社会主义核心价值体系，培育和践行社会主义核心价值观，不断推动文化事业和文化产业发展，赋予社会主义先进文化以崭新的时代内涵。三是具有人民性。习近平总书记指出，文学艺术创造、哲学社会科学研究首先要搞清楚为谁创作、为谁立言的问题，这是一个根本问题。为什么人的问题，始终是文化发展中一个根本性问题、原则性问题。社会主义先进文化始终面向人民群众，为了人民，依靠人民，着力满足人民群众日益增长的多层次、多方面、多样化的精神文化需求，其服务对象是人民群众，其建设主体是人民群众，其价值指向是提高人民群众的思想道德素质和科学文化水平，最终实现人的全面发展。

社会主义先进文化是国家治理体系和治理能力现代化的深厚支撑。文化不只是生活方式，更是一种精神价值，一种意义体系，它的意义在于给心灵以启迪，给精神以力量。坚持和完善中国特色社会主义制度，推进国家治理体系和治理能力现代化，离不开社会主义先进文化的滋润和涵养。只有大力发展社会主义先进文化，用社会主义先进文化熔铸各族人民团结奋斗的共同的理想信念、价值理念、道德观念，才能提供文化制度的强大思想动力与信念支撑，促进全体人民在思想上、精神上紧紧团结在一起，广泛凝聚起人们的精神力量，才能构建起国家治理体系和治理能力现代化的深厚精神支撑。由此，《中共中央关于党的百年奋斗重大成就和历史经验的决议》指出，必须坚持以人民为中心的工作导向，举旗帜、聚民心、育新人、兴文化、展形象，牢牢掌握意识形态工作领导权，建设具有强大凝聚力和引领力的社会主义意识形态，建设社会主义文化强国，激发全民族文化创新创造活力，更好构筑中国精神、中国价值、中国力量，巩固全党全国各族人民团结奋斗的共同思想基础。

百年奋斗征程中，中国共产党始终重视加强文化建设，用社会主义先进文化引领社会进步。中国特色社会主义进入新时代，习近平总书记在继承我们党长期坚持的文化发展方针基础上，坚守中华文化立场，立足当代中国现实，坚持为人民服务、为社会主义服务，坚持百花齐放、百家争鸣，坚持创造性转化、创新性发展，发展面向现代化、面向世界、面向未来的民族的科学的大众的社会主义文化，文化领域一系列制度相继得以建立健全。从颁布《中国共产党宣传工作条例》，到印发《新时代公民道德建设实施纲要》《新时代爱国主义教育实施纲要》，再到党的十九届四中全会对文化制度作出新的部署，这都为新时代坚持和完善繁荣发展中国特色社会主义文化制度，推动社会主义先进文化守正创新，建设社会主义文化强国奠定了更加坚实的制度基础和指明了前进方向。

坚持马克思主义在意识形态领域指导地位的根本制度。“意识形态决定文化前进方向和发展道路”，坚持马克思主义在意识形态领域指导地位的根本制度，充分体现了我们党对社会主义文化建设规律的认识达到了一个新高度。习近平总书记强调，必须推进马克思主义中国化时代化，建设具有强大凝聚力和引领力的社会主义意识形态，使全体人民在理想信念、价值理念、道德观念上紧紧团结在一起。新时代，中国共产党坚持用习近平新时代中国特色社会主义思想这一马克思主义中国化的最新成果武装全党、教育人民，把坚持马克思主义在意识形态领域指导地位作为一项根本制度明确提出并进行全面部署，深入实施马克思主义理论研究和建设工程，落实意识形态工作责任制，把坚持以马克思主义为指导全面落实到思想理论建设、哲学社会科学研究、教育教学各方面，马克思主义在意识形态领域的指导地位不断巩固，马克思主义理论的说服力和感召力不断增强，我们党的创新理论深入人心。

坚持以社会主义核心价值观引领文化建设制度。核心价值观是一个民族赖以维系的精神纽带，是一个国家共同的思想道德基础。习近平总书记指出：“社会主义核心价值观是当代中国精神的集中体现，凝结着全体人民共同的价值追求。”他强调：“要以培养担当民族复兴大任的时代新人为着眼点，强化教育引导、实践养成、制度保障，发挥社会主义核心价值观对国民教育、精神文明创建、精神文化产品创作生产传播的引领作用，把社会主义核心价值观融入社会发展各方面，转化为人们的情感认同和行为习惯。”一系列相关具体战略部署出台：推动理想信念教育常态化制度化，完善思想政治工作体系，建立健全党和国家功勋荣誉表彰制度，深化群众性精神文明建设，建设新时代文明实践中心，推动学习大国建设。坚持依法治国和以德治国相结合，完善弘扬社会主义核心价值观的法律政策体系，把社会主义核心价值观要求融入法治建设和社会治理，体现到国民教育、精神文明创建、文化产品创作生产全过程。推进中华优秀传统文化传承发展工程。完善青少年理想信念教育齐抓共管机制。健全志愿服务体系。完善诚信建设长效机制，健全覆盖全社会的征信体系，加强失信惩戒，等等，能真正使核心价值观融入人们的日常生活，入脑入心，从而真正成为人们的自觉遵循和价值追求。

健全人民文化权益保障制度。保障人民的文化权益，是在文化领域落实以人民为中心的发展理念的必然要求。党的十九届四中全会指出要“坚持以人民为中心的工作导向，完善文化产品创作生产传播的引导激励机制，推出更多群众喜爱的文化精品”，提出要“完善城乡公共文化服务体系，优化城乡文化资源配置”，强调“推动基层文化惠民工程扩大覆盖面、增强实效性”“健全支持开展群众性文化活动机制”“鼓励社会力量参与公共文化服务体系建设”。这些制度层面的重大设计，更好地满足了新时代人民群众的精神文化需求，能切实把广大人民群众的基本文化权益实现好、维护好、发展好。

完善坚持正确导向的舆论引导工作机制。党的十九届四中全会指出，要坚持党管媒体原则，坚持团结稳定鼓劲、正面宣传为主，唱响主旋律、弘扬正能量。这是完善坚持正确导向的舆论引导工作机制必须遵循的重大原则和基本方针。当前，互联网正在媒体领域催发一场前所未有的变革，在全媒体时代，要更加积极地发挥党对主流舆论的引领作用，就必须抓住互联网这个最大变量。由此，党中央提出要“构建网上网下一体、内宣外宣联动的主流舆论格局，建立以内容建设为根本、先进技术为支撑、创新管理为保障的全媒体传播体系”“改进和创新正面宣传，完善舆论监督制度，健全重大舆情和突发事件舆论引导机制”“建立健全网络综合治理体系，加强和创新互联网内容建设，落实互联网企业信息管理主体责任”“全面提高网络治理能力，营造清朗的网络空间”等具体战略部署，新闻舆论传播力、引导力、影响力、公信力得以不断提高，极大地提升了党的新闻舆论引导力，党的声音传得更开、传得更广、传得更深入。

建立健全把社会效益放在首位、社会效益和经济效益相统一的文化创作生产体制机制。习近平总书记指出，“在发展社会主义市场经济的条件下，许多文化产品要通过市场实现价值，当然不能完全不考虑经济效益。然而，同社会效益相比，经济效益是第二位的，当两个效益、两种价值发生矛盾时，经济效益要服从社会效益，市场价值要服从社会价值”。正确处理社会效益和经济效益的关系，是社会主义市场经济条件下文化建设必须始终把握好的重大问题。要深化文化体制改革，加快完善遵循社会主义先进文化发展规律、体现社会主义市场经济要求、有利于激发文化创新创造活力的文化管理体制和生产经营机制。健全现代文化产业体系和市场体系，完善以高质量发展为导向的文化经济政策。完善文化企业履行社会责任制度，健全引导新型文化业态健康发展机制。完善文化和旅游融合发展体制机制。加强文艺创作引导，完善倡导讲品位讲格调讲责任、抵制低俗庸俗媚俗的工作机制。

二、革命文化

中华民族历经沧桑却生生不息，苦难深重却

绵延不绝，根本原因在于拥有适应变革的强大内核。从 20 世纪 20 年代开始，中国共产党以开天辟地的勇气和革故鼎新的执着，领导广大人民群众在革命、建设和改革的奋斗历程中，对政治理想、政治观念、政治伦理、政治策略、政治制度、政治道路等进行一系列文化价值建构，形成了特定的革命文化，为中国精神增添了新的内容。

“革命文化”是一种特殊的文化现象，它有别于其他文化的根本点在于中国革命铺就的红色底色。革命文化是中国共产党领导中国人民在伟大斗争中构建的文化，它以马克思主义为指导，以“革命”为精神内核和价值取向，继承中华优秀传统文化，借鉴世界优秀文明成果，是具有鲜明中国特色的先进文化。它是革命实践的伟大创造，是中国革命事业的精神遗产和文化传承，是中国共产党人和广大人民群众优良传统和品格风范的集中体现，是推进中华民族伟大复兴的强大精神动力。革命文化是我们党领导人民在革命、建设与改革中创造的。具体来说，革命文化可分为物质的和非物质的两类：一切与革命斗争有关的、打上了革命烙印的历史遗物、遗存、建筑、旧址和场所，属于革命的物质文化；而在革命时期所形成的包括红船精神、井冈山精神、苏区精神、长征精神、遵义会议精神、延安精神、抗战精神、沂蒙精神、西柏坡精神等在内的以伟大建党精神为源头的中国共产党人的精神谱系，属于革命的非物质文化。

革命文化是文化自信的重要源头。革命文化是党和人民在抗击帝国主义侵略、反对封建势力压迫、争取民族独立和人民民主的伟大斗争中孕育的精神与传统，是社会主义先进文化的重要基因和直接来源，是激励全党全国各族人民奋勇前进的强大精神力量，是坚定文化自信的坚强基石。邓小平同志曾指出："为什么我们过去能在非常困难的情况下奋斗出来，战胜千难万险使革命胜利呢？就是因为我们有理想，有马克思主义信念，有共产主义信念。”中国共产党之所以能够完成近代以来各种政治力量不能完成的历史任务，关键在于把马克思主义作为自己的思想旗帜和行动指南，把共产主义作为自己的价值追求和奋斗目标。因此，革命文化凝练于中国共产党和中国人民对共产主义信仰的孜孜追求之中，其蕴含和彰显的无数革命先辈坚定的理想信念、崇高的价值追求及艰苦奋斗、不怕牺牲的革命精神，共同凝聚成强大精神力量，在艰苦卓绝的革命斗争中激励着广大民众勇往直前。中国特色社会主义进入新时代，革命文化的优良传统与新时代结合，使社会主义先进文化呈现出更加鲜明的中国特色。中国特色社会主义先进文化，旨在弘扬以爱国主义为核心的民族精神、以改革创新为核心的时代精神，其实质是革命文化在新时代的延伸。

传承革命文化，重温革命精神，并将其融入社会主义先进文化的发展过程中，就会大大增强社会主义先进文化的凝聚力，为坚定不移走中国特色社会主义道路提供重要的精神支持。

一部中国共产党的百年奋斗史就是一部革命文化的生成、发展、凝练的历史。中国共产党最初是由五四先进分子组成的政党，注定具有浓厚的“革命”色彩。红色历史发端于近现代中国人民捍卫民族独立和争取人民解放的崇高追求之中。在新民主主义革命时期，任凭帝国主义对中国的疯狂蹂躏，任凭白色恐怖政权对革命先烈的残酷杀害，都没有阻挡住中国人民彻底打败帝国主义，推翻国民党反动统治，成立新中国的坚强决心。在社会主义革命与建设时期，面对一个底子薄、基础差的农业大国，中国共产党人依靠独立自主、自力更生，艰苦创业的精神完成了中华民族有史以来最为广泛而深刻的社会变革。在改革开放的建设时期，我们以解放思想、实事求是的科学态度和继往开来的政治勇气吹响了改革开放的号角，开创、坚持、捍卫和发展了中国特色社会主义，实现了中华民族从站起来到富起来的伟大飞跃。进入新时代，站在百年未有之大变局和中华民族伟大复兴的历史交汇点，中国共产党人以开拓创新，奋发有为、锐意进取的新时代风貌创造了让世界瞩目让人民满意的辉煌成就。一路走来，党带领人民历经沧桑而百折不挠，风雨兼程却临危不惧。这就是伟大的革命精神赋予我们的强大动力。革命文化孕育于中国共产党人为中国人民谋幸福、为中华民族谋复兴的初心，形成于中国革命的伟大实践之中，它是中华民族历史文化的宝贵精神财富，已经成为实现民族复兴的强大精神动力和文化支撑。

中国特色社会主义进入新时代，革命文化传承和建设得以高度重视。党的十八大以来，习近平总书记高度重视红色基因的传承，多次前往革命老区，参观英模人物、革命文物的展览，为全党同志解读“中国奇迹”背后的必然逻辑。他身体力行，遍访西柏坡、井冈山、沂蒙山、古田、延安、遵义等革命圣地。党的十九大后，习近平总书记带领中共中央政治局常委，瞻仰上海中共一大会址和浙江嘉兴南湖红船，回顾建党历史，重温入党誓词，其中的“革命主线”清晰可见。循着习近平总书记遍访革命圣地的主线，革命文化的丰富内涵得到逐步展现。井冈山斗争，使我们领会了坚定革命胜利信心的重要性。古田会议，党以决议的形式，规定了红军的性质、宗旨、任务，明确了红军“为谁扛枪为谁打仗”的基本问题；确立了党对军队绝对领导的原则，解决了党如何领导军队的根本问题；理顺了军队中军事工作与政治工作的关系，以及纠正各种非无产阶级思想的基本途径。遵义会议，标志着中国革命摆脱教条主义束缚，中国共产党开始独立探索中国革命问题。延安岁月，让人感受抗日救亡时期的艰苦卓绝，以及在革命圣地精神世界的富足；西柏坡——中国革命最后的农村指挥部，中共中央在走向执政舞台前向全体党员发出“进京赶考”的谆谆告诫。习近平总书记一再强调：“没有中华优秀传统文化、革命文化、社会主义先进文化的底蕴和滋养，信仰信念就难以深沉而执着。”在对“红船精神”“苏区精神”“长征精神”“抗战精神”等红色革命精神的论述中，赋予了其鲜明的时代特色和精神内涵，形成了以牢固的理想信念、坚强的党性原则、高度的文化自信和勇于革新、实事求是、无私奉献精神为主要精神内涵的红色革命文化思想。

弘扬革命文化，传承红色基因，是全党全社会的共同责任。鉴往事，知来者。习近平总书记一再强调要发扬红色资源优势，深入进行党史军史和优良传统教育，把红色基因一代代传下去。《中共中央关于党的百年奋斗重大成就和历史经验的决议》指出，“党推动学习党史、新中国史、改革开放史、社会主义发展史，建成中国共产党历史展览馆，开展庆祝中国共产党成立一百周年、中华人民共和国成立七十周年、中国人民解放军建军九十周年、改革开放四十周年和纪念中国人民抗日战争暨世界反法西斯战争胜利七十周年、中国人民志愿军抗美援朝出国作战七十周年等活动，有力彰显党心民心、国威军威，在全社会唱响了主旋律、弘扬了正能量”。同时，建立健全革命文物保护体系，是保护革命文物、弘扬红色文化的重要保障。习近平总书记强调：“切实把革命文物保护好、管理好、运用好，发挥好革命文物在党史学习教育、革命传统教育、爱国主义教育等方面的重要作用，激发广大干部群众的精神力量，信心百倍为全面建设社会主义现代化国家、实现中华民族伟大复兴中国梦而奋斗。”这一重要论述深刻阐明了革命文物工作的现实意义，对于我们追寻红色记忆、弘扬革命精神、坚定文化自信极具现实性、针对性、指导性。近年来，中办、国办印发了《关于实施革命文物的保护利用工程（2018—2022年）的意见》，印发《关于加强文物保护利用改革的若干意见》《关于在城乡建设中加强历史文化保护传承的意见》《长城、大运河、长征国家文化公园建设方案》等配套文件，明确了对革命文物保护工作的总体目标、主要内容、重点任务和工作要求等内容，加强了对革命文物的保护利用。再者，要讲好党的故事、革命的故事、根据地的故事、英雄和烈士的故事，加强革命传统教育、爱国主义教育、青少年思想道德教育，把红色基因传承好，广泛动员社会力量参与，营造保护革命文物的浓厚氛围，共同让红色基因绽放时代光芒，激励我们把红色基因融入血脉代代传承，把先辈开创的事业不断推向前进。

一百年来，我们共产党人怀抱共产主义远

大理想，把马克思主义基本原理同中国具体实际相结合，为实现民族独立和人民解放、国家富强和人民富裕，完成中华民族伟大复兴历史使命，前赴后继，艰苦奋斗，形成了独特的革命文化形态，成为中华民族的宝贵精神财富和中国精神的重要组成部分。习近平总书记指出，在一百年的非凡奋斗历程中，一代又一代中国共产党人顽强拼搏、不懈奋斗，涌现了一大批视死如归的革命烈士、一大批顽强奋斗的英雄人物、一大批忘我奉献的先进模范，形成了一系列伟大精神，构筑起了中国共产党人的精神谱系。对我们共产党人来说，党的每一段革命历史，都是一部理想信念的生动教材，要教育引导全党大力发扬红色传统、传承红色基因，赓续共产党人精神血脉，发扬伟大建党精神，始终保持革命者的大无畏奋斗精神，鼓起迈进新征程、奋进新时代的精气神。

三、中华优秀传统文化

中华民族五千多年文明历史所孕育的中华优秀传统文化,积淀着中华民族最深沉的精神追求，代表着中华民族独特的精神标识，是中华民族生生不息、发展壮大的丰厚滋养，是中华民族凝聚力和创造力的不竭源泉，是中国特色社会主义植根的文化沃土，是当代中国发展的突出优势，是我们在世界文化激荡中站稳脚跟的根基，“我们要善于把弘扬优秀传统文化和发展现实文化有机统一起来，紧密结合起来，在继承中发展，在发展中继承”。

中华优秀传统文化是中华民族长期社会实践的精神凝结，蕴含着民族最根本的思想基因。五千多年来，中华优秀传统文化中的仁、义、礼、智、信、温、良、恭、俭、让、忠、勇、孝、悌、廉等思想道德观念，尚仁重德、知礼好学、诚信守正、宽厚孝义、扶危济困等情操品格，蕴含着民族最根本的思想基因，深藏着民族最丰富的道德资源，闪耀着优秀传统文化的智慧光芒。习近平总书记指出："中华民族在长期实践中培育和形成了独特的思想理念和道德规范，有崇仁爱、重民本、守诚信、讲辩证、尚和合、求大同等思想，有自强不息、敬业乐群、扶正扬善、扶危济困、见义勇为、孝老爱亲等传统美德。中华优秀传统文化中很多思想理念和道德规范，不论过去还是现在，都有其永不褪色的价值。"中华优秀传统文化是中华传统文化中历经沧桑而积淀传承下来的精华部分，蕴含着中华民族最深沉的精神追求，其核心要素是民族精神和价值追求。具体诸如："朝闻道，夕死可矣""知其不可而为之"的追求真理精神；"革故鼎新，与时俱进"的改革精神；"乐以忘忧，不知老之将至""吾将上下而求索”的为实现理想而生命不息、奋斗不止的追求理想精神；“既不契于初心，生死永诀”的永葆初心精神；“为天地立心，为生民立命，为往圣继绝学，为万世开太平”的使命担当精神；“天行健，君子以自强不息”“地势坤，君子以厚德载物”的勇于斗争、不懈奋斗精神；“精忠报国”“天下兴亡，匹夫有责”的爱国精神；“民惟邦本，本固邦宁”“以百姓心为心”的民本精神；等等。总而言之，在长期发展过程中，中国人民锻造了内涵丰富、源远流长的中华民族精神，这些精神集中起来就是中国人民的伟大创造精神、伟大奋斗精神、伟大团结精神、伟大梦想精神，这些精神具有强大的历史穿透力、文化感染力和精神感召力，为中华民族世世代代所尊崇，并深深熔铸到不同历史时期人们的精神血脉和价值观念当中，是中华民族生生不息的文化血脉。

中华优秀传统文化是当代中国文化软实力

的重要力量源泉。文化软实力是综合国力的重要组成部分，主要指在社会文化领域中具有精神感召力、社会凝聚力、价值吸引力、思想影响力等方面的文化精神力和竞争力。中华民族绵延不绝的悠久历史、灿烂文明，孕育滋养出源远流长、根深叶茂、丰富多样的优秀传统文化，塑造了中华民族的鲜明品格，滋养了独树一帜的中国精神，陶冶了勇敢智慧的中华儿女，是中华民族自立世界民族之林，绵延不绝、郁郁葱葱、生生不息的文化之根，为当代中国文化自信奠定了坚实的思想基石和深厚的历史底蕴。习近平总书记指出："中华传统文化源远流长、博大精深，中华民族形成和发展过程中产生的各种思想文化，记载了中华民族在长期奋斗中开展的精神活动、进行的理性思维、创造的文化成果，反映了中华民族的精神追求，其中最核心的内容已经成为中华民族最基本的文化基因。"中华优秀传统文化是中华民族的

“根”和“魂”，是最深厚的文化软实力，体现着中华民族世世代代在生产生活中形成和传承的世界观、人生观、价值观和审美观，为中华民族生生不息、发展壮大提供了丰厚滋养，对人类文明的发展进步产生了重要而深远的影响。

中国共产党是中华优秀传统文化的忠实传承者和弘扬者。习近平总书记指出，“中国共产党人是马克思主义者，坚持马克思主义的科学学说，坚持和发展中国特色社会主义，但中国共产党人不是历史虚无主义者，也不是文化虚无主义者。我们从来认为，马克思主义基本原理必须同中国具体实际紧密结合起来，应该科学对待民族传统文化，科学对待世界各国文化，用人类创造的一切优秀思想文化成果武装自己。在带领中国人民进行革命、建设、改革的长期历史实践中，中国共产党人始终是中国优秀传统文化的忠实继承者和弘扬者，从孔夫子到孙中山，我们都注意汲取其中积极的养分”。可以说，我们党团结带领人民不懈奋斗、创造辉煌的一百年，也是中国共产党人自觉肩负历史责任，坚持辩证唯物主义和历史唯物主义，秉持客观、科学、礼敬的态度，对中华传统文化取其精华、去其糟粕，扬弃继承、转化创新，激励中华儿女砥砺奋进的一百年。新民主主义革命时期，在国家和民族生死存亡的危急关头，中国共产党人肩负起“我们民族一切文化、思想、道德的最优秀传统的继承者”的历史重任，批判阻碍社会进步的旧思想旧道德，打开了新思想新文化涌流的闸门。社会主义革命和建设时期，我们党全面推进文化建设，倡导古为今用、推陈出新，提出百花齐放、百家争鸣，新建、改造一批文化机构，逐步建立中华优秀传统文化传承发展的制度。改革开放和社会主义现代化建设新时期，针对思想文化和意识形态领域出现的新情况新问题，我们党坚持物质文明和精神文明两手抓、两手都要硬，提出文艺

“为人民服务、为社会主义服务”，积极构建与社会主义市场经济相适应、与社会主义法律规范相协调、与中华民族传统美德相承接的社会主义思想道德体系，加强文化遗产保护，有序推进文化领域改革开放，对古今中外文化作品中一切好的东西予以“钻研、吸收、融化和发展”，中华优秀传统文化滋养着社会主义先进文化繁荣发展，为社会主义现代化建设注入强大精神力量。

中国特色社会主义新时代，传承弘扬中华优秀传统文化更是得到高度重视。习近平总书记指出，中华民族伟大复兴需要以中华文化发展繁荣为条件，要推动中华优秀传统文化创造性转化、创新性发展，不断增强中华文化的影响力和吸引力，创造中华文化新的辉煌。党的十八大以来，以习近平同志为核心的党中央将“中华优秀传统文化创造性转化、创新性发展”摆在突出位置，将传承发展中华优秀传统文化作为各级党委和政府的重要职责，纳入经济社会发展规划纲要和国家文化发展改革等有关规划，推动传承发展的重点领域、重点工作相互衔接、形成合力，进而推动中华优秀传统文化的创造性转化、创新性发展迎来变革性实践，取得突破性进展、标志性成就，使中华文脉在赓续传承中弘扬光大，彰显出强大的生命力、凝聚力、影响力，增强了中国人民和中华民族内心深处的自信与自豪。

推动中华优秀传统文化创造性转化、创新性发展，要推动传统文化与现实文化相融相通。习近平总书记明确要求深入挖掘阐发传统文化精髓、构建中国文化基因理念体系、提炼展示中华文明精神标识，“使中华民族最基本的文化基因与当代文化相适应、与现代社会相协调”。由此，一方面，要推动加强研究阐释工作，讲清楚中华文化的历史渊源、发展脉络、基本走向，讲清楚中华文化的独特创造、价值理念、鲜明特色，深入挖掘和阐发中华文化讲仁爱、重民本、守诚信、崇正义、尚和合、求大同的时代价值，不断增强文化自信和价值观自信。另一方面，推动优秀传统文化融入国民教育、文化创造、生产生活，构建中华文化课程和教材体系，加强对传统文学艺术的扶持，创作更多体现中华文化精髓、传播当代中国价值观念的优秀作品。

推动中华优秀传统文化创造性转化、创新性发展，要推动中华文明与各国文明和合共生。坚定文化自信，是事关国运兴衰、事关文化安全、事关民族精神独立性的大问题。习近平总书记指出，要“以人们喜闻乐见、具有广泛参与性的方式推广开来，把跨越时空、超越国度、富有永恒魅力、具有当代价值的文化精神弘扬起来，把继承传统优秀文化又弘扬时代精神、立足本国又面向世界的当代中国文化创新成果传播出去”。党的十八大以来，通过深化人文领域国际合作，健全中外高级别交流机制，完善对外文化交流机构全球布局等举措，随着“一带一路”建设的不断推进，世界感受到了更加立体、鲜活、充满历史底蕴又与时代同步的中华文化软实力，增进了对中国文化的认知认同，同时我国又吸收了外来文化精华，促进了文明互学互鉴、共同发展。

推动中华优秀传统文化创造性转化、创新性发展，要秉持客观科学的态度。习近平总书记指出：“要坚持古为今用、推陈出新，有鉴别地加以对待，有扬弃地予以继承，努力用中华民族创造的一切精神财富来以文化人、以文育人。”传承中华文化，绝不是简单复古，也不是盲目排外，而是古为今用、洋为中用，辩证取舍、推陈出新，摒弃消极因素，继承积极思想，以古人之规矩，开自己之生面。要按照时代的新进步新进展，对中华优秀传统文化的内涵加以补充、拓展、完善，增强其影响力和感召力。

坚定文化自信，建设文化强国，需要我们结合新的时代条件传承好、弘扬好中华优秀传统文化，守正创新、推陈出新，推动中华优秀传统文化与时俱进，让中华文化焕发新的生机活力，展现出永久魅力和时代风采。

《中共中央关于党的百年奋斗重大成就和历史经验的决议》指出，习近平新时代中国特色社会主义思想是当代中国马克思主义、二十一世纪马克思主义，是中华文化和中国精神的时代精华，实现了马克思主义中国化新的飞跃。“中华文化和中国精神的时代精华”这一全新的重大判断，充分彰显了习近平新时代中国特色社会主义思想与中华优秀传统文化的深刻关联，及其在中国文化发展史上的重要地位。习近平新时代中国特色社会主义思想深深植根于中华优秀传统文化的丰厚沃土之中，深刻汲取中华优秀传统文化的哲学思想、人文精神和道德理念，把历史中国与当代中国贯通起来，把马克思主义与中华优秀传统文化结合起来，把“四个自信”统一起来，形成了中华民族智慧的最新表现和理论上的最新概括，把中华民族的思想水平提到一个新的高度，是中华文化和中国精神的时代精华。

第七章

中国道路的前进方向

党的百年奋斗开辟了实现中华民族伟大复兴的正确道路。今天，中华民族向世界展现的是一派欣欣向荣的气象，巍然屹立于世界东方。新时代坚持中国道路，需要脚踏中华大地，传承中华文明，从中国国情出发，坚定不移走中国特色社会主义道路。

一、从中国实际出发

把握社会主义初级阶段基本国情。中国道路是中国共产党和中国人民从中国实际出发，在长期实践中逐步开辟出来的道路。要牢牢把握社会主义初级阶段这个基本国情，牢牢立足社会主义初级阶段这个最大实际，牢牢坚持党的基本路线这个党和国家的生命线、人民的幸福线，领导和团结全国各族人民，以经济建设为中心，坚持四项基本原则，坚持改革开放，自力更生，艰苦创业，为把我国建设成为富强民主文明和谐美丽的社会主义现代化强国而奋斗。党的十三大阐述了社会主义初级阶段理论。社会主义初级阶段“不是泛指任何国家进入社会主义都会经历的起始阶段，而是特指我国生产力落后、商品经济不发达条件下建设社会主义必然要经历的特定阶段”。党的十五大制定了党在社会主义初级阶段的基本纲领，精辟地回答了什么是社会主义初级阶段的经济、政治和文化，以及怎样建设这样的经济、政治和文化的问题，进一步统一了全党全国人民的思想。党的十六大指出，我国正处于并将长期处于社会主义初级阶段。党的十七大进一步指出，我国仍处于并将长期处于社会主义初级阶段的基本国情没有变，人民日益增长的物质文化需要同落后的社会生产之间的矛盾这一社会主要矛盾没有变。党的十九大指出，我国社会主要矛盾已经转变为人民日益增长的美好生活需要和不平衡不充分的发展之间的矛盾，但没有改变我们对我国社会主义所处历史阶段的判断，强调我国仍处于并将长期处于社会主义初级阶段的基本国情没有变，我国是世界最大发展中国家的国际地位没有变。社会主义初级阶段的论断包括两层含义：一是我国已经进入社会主义社会，我们必须坚持而不能偏离社会主义；二是我国的社会主义社会正处于并将长期处于初级阶段，我们必须正视而不能超越这个初级阶段。新时代坚持和发展中国道路，必须牢牢把握社会主义初级阶段这个基本国情，牢牢立足社会主义初级阶段这个最大实际。

我国是世界最大发展中国家的国际地位没有变。从逻辑上看，社会主义初级阶段的基本国情“不变”就决定了最大的发展中国家地位“不变”，二者是对我国国情做出的两种不同表现形式的同一判断。从国内发展现状来看，中国仍是一个典型的发展中国家：地区发展极为不平衡，城乡收入的差距较大，在高技术领域和军事力量上与世界的领先水平仍有很大差距，在科学技术、制造业、国际贸易等方面都还在强起来的路上，等等，这都是中国与其他发展中国家类似的困境，绝不能单因超高的发展速度而忽视了我国发展阶段的本质并未变化。正如邓小平同志指出的：“……社会主义的初级阶段，就是不发达的阶段。一切都要从这个实际出发，根据这个实际来制定规划。”我们要着力解决发展不平衡不充分问题，大力提升发展质量和效益，更好满足人民在经济、政治、文化、社会、生态等方面日益增长的需要，更好推动人的全面发展、社会全面进步。从国际地位来看，“最大”的规模意味着中国智慧的借鉴价值。作为一个发展中大国，中国在自身发展的同时也力所能及地援助其他发展中国家，中国经济发展的“外溢效应”也使广大发展中国家受益，假使把中国排除在发展中国家阵营之外，既是我们对自身定位的认识不清，还会损害其他发展中国家的利益。既然中国能以最大的发展中国家的身份保持长期且稳定的发展，那么中国方案对所有发展中国家甚至是发达国家都有不容小觑的借鉴意义和反思价值。在新时代，中国特色社会主义的道路越走越宽、理论越来越丰富、制度越来越成熟、文化越来越丰盈，这为所有期望加快发展又保持自身独立的国家提供了新的模板。

社会主要矛盾的变化是党和国家事业发展的依据，准确把握社会矛盾的变化是中国共产党的显著优势。在不同历史时期，党都牢牢把握我国社会矛盾的发展变化。新民主主义革命时期，我国是半殖民地半封建社会，社会的主要矛盾是帝国主义和中华民族、封建主义和人民大众之间的矛盾，中国共产党探索出来一条新民主主义革命道路。中国新民主主义革命的胜利，结束了帝国主义、封建主义和官僚资本主义在中国的统治，建立了人民民主专政的新中国。毛泽东同志指出，半殖民地半封建社会的性质，决定了中国革命必须分成两步走，第一步进行新民主主义革命，第二步进行社会主义革命。社会主义革命和建设时期，党的八大根据社会主义改造基本完成后的形势，指出国内主要矛盾已经不再是工人阶级和资产阶级的矛盾，而是人民的建立先进的工业国的要求同落后的农业国的现实之间的矛盾，是人民对于经济文化迅速发展的需要同当前经济文化不能满足人民需要的状况之间的矛盾。主要矛盾的变化决定了这个阶段党的任务是集中力量发展社会生产力。改革开放和社会主义现代化建设新时期，党的十一届六中全会明确了我国社会的主要矛盾是人民日益增长的物质文化需要同落后的社会生产之间的矛盾，党面临的主要任务是继续探索中国建设社会主义的正确道路，解放和发展社会生产力，使人民摆脱贫困、尽快富裕起来，中心任务是完成小康社会的目标。新时代我国社会主要矛盾是人民日益增长的美好生活需要和不平衡不充分的发展之间的矛盾。要紧扣我国社会主要矛盾发生变化，方向不变，道路不移，在本世纪中叶建成富强民主文明和谐美丽的社会主义现代化强国。

中华优秀传统文化是中国道路发展的深厚底蕴。习近平总书记强调："中国有坚定的道路自信、理论自信、制度自信，其本质是建立在5000多年文明传承基础上的文化自信。"当下，中华民族伟大复兴战略全局和世界百年未有之大变局相互交织、相互激荡、相互影响，而此时的中华民族却前所未有地接近伟大复兴目标，在这片土地上的中华民族如今更有底气、更加主动和更为热情地向往着傲立于世界民族之林。同困难作斗争，是物质的角力，也是精神的对垒，唯有精神上站得住、站得稳，一个民族才能在历史洪流中屹立不倒、挺立潮头。道德建设是社会主义核心价值观的基本要义，而在中国5000多年的文明传承中有着取之不尽的道德资源，习近平总书记指出："我们的先人们，在长期实践中培育和形成了一整套传统美德规范。如中国古代就有崇仁爱、重民本、守诚信、讲辩证、尚和合、求大同等思想，其中就有很多具有永恒价值的内容。"走好中国道路就要脚踏中华热土，厚植中华传统文化，在激荡的变局当中稳住方向，把稳思想的船舵。改革开放以来，我们取得的一切成绩和进步的根本原因，归结起来就是：开辟了中国特色社会主义道路、理论体系和制度，并发展了中国特色社会主义文化，而文化自信是更基础更广泛和更深厚的因素。

二、不走封闭僵化的老路

不走封闭僵化的老路，就是发展要立足国情，不搞关门建设。“封闭”即闭关自守，是关起门来搞建设，对外是不与外国搞经济文化交流，对内是不同地方不搞交流、不同单位不搞交流。“僵化”即思维僵化，不结合实际发展现状，照搬老旧的思维、别人的思维寻求自己的发展。

纵观中国历史，道路的选择一直引领着历史的走向，历史实践向我们证明了在中国走封闭僵化的老路只会导致中国国力的落后，达不到实现中华民族伟大复兴的目标。清政府选择走“闭关锁国”道路，政治上加深了封建制度统治，地主阶级专制、压迫剥削、愚弄人民，国家统治权集中在君王一人手中；经济上实行

“重农抑商”，阻碍资本主义的萌芽，约束了我国的对外贸易和工商业的发展，丧失了我国对外贸易的主动权，跟不上工业革命的步伐；文化上阻挠中外科技文化的交流，各种先进思想不能得到有效传播，是近现代中国落后挨打的主要原因之一。尽管在清政府后期推出了“清末新政”，提出了一系列改革举措，但只学习了西方的技艺和武器制作，没有认识到改变封建阶级统治才是根本，这使得清政府各类经济、军事改革都宣告失败。清政府封闭迂腐的思想使中国逐渐沦为半殖民地半封建社会，导致了国家主权的丧失。在中国革命早期，受大革命失败影响，中国革命开始转入低潮，全国处于严重的白色恐怖之中，革命水深火热，革命的力量受到了极大破坏。当时世界上的无产阶级夺取政权的成功经验，就是以城市为中心，从城市发动武装暴动，夺取政权。当时中国共产党照搬了当时的苏联经验，将共产国际决议神圣化、将马克思主义教条化，从而产生了以王明为代表的“左”倾教条主义，结果使中国革命陷入绝境。因此，不立足国情，照搬他国的经验是行不通的。以毛泽东同志为主要代表的中国共产党人以中国实际国情为立足点，把马克思主义基本原理同中国具体实际相结合，开辟了农村包围城市、武装夺取政权的正确革命道路，创立了毛泽东思想，为夺取新民主主义革命胜利指明了正确方向。新民主主义革命的胜利，中华人民共和国的成立，彻底结束了中国半殖民地半封建主义社会的历史。在社会主义建设时期，中国共产党对社会主义的探索也走过“僵化”的老路。在政治管理方面，中国共产党一度照搬苏联模式，在政治上忽视民主协商的作用，权力过分集中和个人崇拜破坏了社会主义民主法制。在经济上追求单一公有制和高度集中的计划经济，各种企业与地方政府绑定在一起，由政府向企业下达生产任务、按照指令配置生产资源，大大降低了企业生产发展的积极性。在政策上，也存在着僵化思想，制定的许多政策没有立足于我国处于社会主义初级阶段的基本国情，为了“超英赶美”，开展人民公社化运动和“大跃进”运动，以高指标、瞎指挥、浮夸风、共产风为主要标志的“左”倾错误盛行，蛮干不仅没有给人民带来实质上的生活改善，而且大大妨碍了生产力的发展。因此，不立足国情，走僵化的道路是行不通的。

四十多年改革开放的实践证明，走封闭僵化的老路不会使中国繁荣昌盛，反而会导致中国的发展更加落后，综合国力得不到提升。邓小平同志在党的第十一届三中全会提出改革开放，对内改革、对外开放，从我国实际国情出发，既坚持马克思主义基本原理，又结合当代中国实践和时代发展，不断推进马克思主义中国化，使马克思主义充分发挥对改革开放的指导作用，从而赋予当代中国马克思主义以勃勃生机。改革开放成功提高了我国的生产力，推动了社会主义文化发展，推动了中国特色社会主义进入新阶段。实践证明，当代中国发展要立足国情、放眼世界，走中国特色社会主义道路，实现中华民族的伟大复兴，不能走封闭僵化的老路。

三、不走改旗易帜的邪路

“改旗易帜”就是更换旗子，也就是说改变原来的方向、计划和方法等。改旗易帜的邪路主要指两个方面：一方面指的是放弃社会主义的旗帜，走西方资本主义的道路；另一方面指的是照搬现在一些西方由社会民主党执政的发达国家所主张的民主社会主义发展道路。邓小平同志曾指出：“概括起来就是全盘西化，打着拥护开放、改革的旗帜，想把中国引导到搞资本主义。”我国的经济社会改革必须坚持社会主义的方向，这关乎到改革的成败，关乎到社会的可持续发展。国内外社会主义国家改革的经验已经证明，走改旗易帜的邪路只会葬送国家和人民的前途命运。

之所以不走改旗易帜的邪路的主要原因在于：第一，走改旗易帜的邪路，违背了历史和人民的选择。在我国近代史上，两次鸦片战争过后，中国面临着亡国的危机，一大批先进的知识分子尽力探索救国方法，但无论是封建统治阶级开明派的改革，还是农民阶级的斗争，不论是资产阶级改良派，还是资产阶级革命派，都没有找到适合中国人民的正确道路，都没有实现民族独立和国家富强。正当中国人民迷茫徘徊时，俄国十月革命一声炮响，给中国送来了马克思列宁主义，让中国人民看到黎明的曙光。以毛泽东同志为主要代表的中国共产党人将马克思主义基本原理同中国具体实际相结合，科学分析中国情况，提出中国革命“两步走”战略，领导中国人民取得新民主主义革命和社会主义革命的胜利，走上社会主义的道路。历史经验告诉我们，只有社会主义才能救中国，这是历史的总结，也是人民的选择。第二，社会主义国家改革的实践经验告诉我们，走改旗易帜的邪路，会亡党亡国。在进行社会主义建设中，我们需要坚持社会主义，也要发展社会主义，发展社会主义就需要改革。而改革成败的关键又在于是否坚持社会主义方向。在20世纪80年代，苏联和一些东欧国家都在进行改革，但他们的改革不是为了完善社会主义，而是对社会主义制度的根本否定，他们的改革不但没有使经济社会快速发展，反而导致了亡党亡国，究其原因在于他们在改革中偏离了社会主义方向，他们在改革中丢掉了社会主义的旗子，搞“人道的、民主的社会主义”，最终导致苏联解体和东欧巨变。对于苏东的经验教训，我们必须居安思危，坚决不走改旗易帜的邪路。反观20世纪70年代末以来，我国实行改革开放取得了成功。改革开放四十多年来，我国经济发展迅速，人民生活水平得到提高，社会主义市场经济体制确立。邓小平同志区分了社会主义的基本制度与具体体制机制，认为社会主义的具体体制机制是可以也需要与时俱进的。当具体制度和体制不符合社会生产力发展要求时，就需要改革，只有这样，社会主义制度的优越性才能充分发挥。改革开放之所以取得成功，根本原因在于我国始终坚持了社会主义的发展方向，坚持了中国共产党的领导，坚决抵制了其他思潮的影响。因此，我们绝不走改旗易帜的邪路。第三，从国际上看，当前世界正处于百年未有之大变局，国外一些敌对势力总希望我们走改旗易帜的邪路，而我们由于还处于社会主义初级阶段，社会主义的优越性还未充分体现出来，因此，总存在一些怀疑和否定社会主义的思潮。鉴于此，我们要格外慎防走改旗易帜的邪路。

既不走封闭僵化的老路，也不走改旗易帜的邪路，必须坚持走中国特色社会主义道路。这条道路是实现中华民族伟大复兴的必经之路。可见，不论是“封闭僵化”，还是“改旗易帜”，都不可能实现中华民族的伟大复兴；不论是“老路”，还是“邪路”，都是错误之路。实现中华民族伟大复兴必由之路的选择是：必须走中国自己的道路——中国特色社会主义道路。

四、坚持“两个结合”

坚持把马克思主义基本原理同中国具体实际相结合、同中华优秀传统文化相结合。这一方面是总结了中国共产党百年来带领中华民族和中国人民取得革命、建设、改革辉煌成就的宝贵经验，另一方面也是站在中华民族伟大复兴与百年未有大变局的新历史交汇点上，以史为鉴、开创未来、百年大党再出发的行动指南和根本遵循。

从“一个结合”到“两个结合”。“一个结合”是“两个结合”的逻辑起点和本质规律，潜藏着“第二个结合”的思想雏形，共同服务于马克思主义在中国本土化道路的探索。“一个结合”即马克思主义基本原理在中国的具体实际中的运用，解决中国革命和建设的实践与道路问题，但道路问题离不开理论和思想文化的建设。在20世纪五六十年代，毛泽东同志严肃批评照搬马克思主义条文和苏联模式的教条主义者，强调要生产中国自己的理论，而这种理论必须体现“民族形式”，即马克思主义与中国传统思想文化结合而成为具有中国作风和中国气派的新文化样态。改革开放之后，邓小平同志多次强调在革命胜利后在建设中继续坚持

“一个结合”的极端重要性。江泽民同志在庆祝中国共产党成立80周年的讲话中指出：毛泽东思想和邓小平理论既体现了马克思列宁主义的基本原理，又包含了中华民族的优秀思想。由此可见，在马克思主义中国化产生和发展中都蕴含了与中华优秀传统文化结合的要求。

把马克思主义基本原理同中国具体实际相结合。任何政治运动都离不开理论的指导，但理论与实践并不是绝对适配的，马克思主义基本原理的先进性和科学性能否变现为现实的正确性和有效性，即能否在中国扎根的问题，与中国具体实际结合是第一道考验。旧中国是一个典型的古老的东方农业社会，这种特殊社会条件下要实现马克思指明的理想，就决不能只把它盲目地当成“教条”“教义”或“公式”套用，必须以中国的国情和民情与之融通。近代以来，各种主义、思想特别是资本主义思想文化思潮粉墨登场，毛泽东同志指出：“这种资产阶级思想只能上阵打几个回合，就被外国帝国主义的奴化思想和中国封建主义的复古思想的反动同盟所打退了。”第一次革命战争时期，他清醒地认识到广大农民对中国革命的关键作用，《中国社会各阶级的分析》和《湖南农民运动考察报告》等文章就是以中国实际解读马克思主义的光辉文献。在与党内教条主义者和机会主义者斗争中，普遍真理与中国具体实际的结合之路在曲折与坎坷的斗争中开辟了出来。新中国成立后，我国在制度建设和经济模式上又面临着“全盘苏化”的风险，在一番曲折的摸索后，中国特色社会主义道路开始明晰了，邓小平理论、“三个代表”重要思想和科学发展观相继为用，如今习近平新时代中国特色社会主义思想又已深入人心。一个枝繁叶茂又带有中国特性的思想体系在中国大地深深地扎根。

把马克思主义基本原理同中华优秀传统文化相结合。在思想文化层面上，理论与实际结合、理论指导实践，必然促进理论自身的完善，尤其是一种外来的理论要指导中国社会实践，就必须使它成为具备本民族特征的文化形式。习近平总书记强调中国共产党人“不是历史虚无主义者，也不是文化虚无主义者”，并郑重宣示“中国共产党人始终是中国优秀传统文化的忠实继承者和弘扬者”，还告诫全党：“一个抛弃了或者背叛了自己历史文化的民族，不仅不可能发展起来，而且很可能上演一场历史悲剧。”在庆祝中国共产党成立 100 周年大会上，习近平总书记庄严宣告：在中华大地上全面建成了小康社会。而“小康”概念就出自《礼记·礼运》，是中华民族自古以来追求的理想社会状态。从儒家的“大同”思想通向马克思的科学社会主义，由中国传统思想的民本主义接引新民主主义，从中国古典哲学的朴素唯物主义到接受历史唯物主义，从中国既有唯物论又有辩证法的哲学传统理解辩证唯物主义，从中国文化传统的实用理性解读马克思主义科学精神，由此实现了中华优秀传统文化的创造性转化和创新性发展，马克思主义基本原理与中华优秀传统文化展现了相互融通的可能性和现实性。

“两个结合”是马克思主义中国化的新方向、新内涵和新空间，深化对这一论断的理解把握和实践自觉，需要把握好以下三个主要问题：一是更加自觉地推进马克思主义与中华优秀传统文化相结合。一方面，为实现中华民族伟大复兴的中国梦积蓄精神动力。在中华民族伟大复兴的历史进程中，中华优秀传统文化的地位、作用空前凸显，正视和重视中华优秀传统文化的价值有了坚实的现实基础和迫切的现实需求。另一方面，以文明交流互鉴应对文明冲突。习近平总书记常常用“同舟共济”“和衷共济”“天下一家”等中国传统文化中的精粹语句表达人类命运共同体的深刻内涵，这也反映着与马克思主义“真正的共同体”的思想联系。二是正确处理马克思主义和中华优秀传统文化的关系。新时代的社会发展始终坚持客观规律性与主观目的性的统一，马克思主义基本原理是原则性方向性的指引和规定，中华传统文化中最基本最精髓的部分也已成为中华民族的文化基因，给了我们取之不尽、用之不竭的思想文化资源，两者的融会贯通既是马克思主义中国化的经典议题，也是今后的使命任务。三是深刻汲取苏共解散、苏联解体的惨痛教训，建设有引领力和凝聚力的社会主义意识形态。苏联的历史悲剧是引发世界大变局的重要一环，也是社会主义阵营的巨大挫折，作为中国曾经的借鉴对象，意识形态阵地的失守是其崩溃的关键因素。我们要以此为戒，以“两个结合”推进马克思主义中国化，从而巩固其在意识形态领域的指导地位。

“两个结合”既是“汇合”，又是“融合”，也是“化合”，绝不是单纯的拼合或混合，而是中华优秀传统文化的创造性转化和创新性发展的思想结晶，是文化旧形态的鼎革和新形态的化生。马克思主义发展无止境、中国具体实际变化无终点，这就使得马克思主义基本原理同中国具体实际相结合、同中华优秀传统文化相结合是具体的、历史的，是不断结合、逐步深化、永不终止的过程。

五、走向民族伟大复兴

新中国成立,实现了民族独立、人民解放,亿万人民成为国家、社会以及自己命运的主人,中国历史开启了新纪元。在中国共产党的领导下，中国牢牢把握了第三次工业革命的机遇,驶入了现代化快车道。进入新时代后，中国共产党站在新的历史方位，发挥历史主动精神,以巨大的政治勇气和责任担当，用智慧谋划中国现代化路线图，推动社会主义现代化事业发生历史性变革，取得历史性成就，开启了全面建设社会主义现代化国家的新征程。在落后中奋起直追，在曲折中不断探索，在创新中实现跨越，在面向世界中谋求大同…… 中华民族伟大复兴的中国梦正一步步变成现实。

我国处在新的发展阶段上。习近平总书记指出："新发展阶段，就是全面建设社会主义现代化国家向第二个百年奋斗目标进军的阶段。"新发展阶段标志着中国共产党和人民事业发展新的历史方位，正确认识党和人民事业所处的新的发展阶段，对于确保全面建设社会主义现代化国家目标的完成，具有重大而深远的意义。党的十八大以来的发展阶段称为"中国特色社会主义新时代"。中国共产党把全面建成小康社会之后，开启全面建设社会主义现代化国家新征程、向第二个百年奋斗目标进军的阶段称为

“新发展阶段”。从“新时期”到“新时代”，从“新时代”到“新阶段”，都体现了中国共产党对社会主义事业所处历史方位的正确认识，成为党明确阶段性任务、制定方针政策的根本依据，成为改革不断取得成功的重要基础。

我国处在现代化强国建设的新征程上。习近平总书记在庆祝中国共产党成立100周年大会上的重要讲话中指出：“经过全党全国各族人民持续奋斗，我们实现了第一个百年奋斗目标，在中华大地上全面建成了小康社会，历史性地解决了绝对贫困的问题，正在意气风发向着全面建成社会主义现代化强国的第二个百年奋斗目标迈进。”新征程是完成第一个百年奋斗目标之后的新征程，是全面建设社会主义现代化强国的新征程。新征程第一个阶段，从二〇二〇年到二〇三五年，在全面建成小康社会的基础上，再奋斗十五年，基本实现社会主义现代化。到那时，我国经济实力、科技实力将大幅跃升，跻身创新型国家前列；人民平等参与、平等发展权利得到充分保障，法治国家、法治政府、法治社会基本建成，各方面制度更加完善，国家治理体系和治理能力现代化基本实现；社会文明程度达到新的高度，国家文化软实力显著增强，中华文化影响更加广泛深入；人民生活更为宽裕，中等收入群体比例明显提高，城乡区域发展差距和居民生活水平差距显著缩小，基本公共服务均等化基本实现，全体人民共同富裕迈出坚实步伐；现代社会治理格局基本形成，社会充满活力又和谐有序；生态环境根本好转，美丽中国目标基本实现。新征程第二个阶段，从二〇三五年到本世纪中叶，在基本实现现代化的基础上，再奋斗十五年，把我国建成富强民主文明和谐美丽的社会主义现代化强国。到那时，我国物质文明、政治文明、精神文明、社会文明、生态文明将全面提升，实现国家治理体系和治理能力现代化，成为综合国力和国际影响力领先的国家，全体人民共同富裕基本实现，我国人民将享有更加幸福安康的生活，中华民族将以更加昂扬的姿态屹立于世界民族之林。

我国正走向中华民族伟大复兴。在综合国力方面，新中国成立以来，尤其是改革开放实践使我国的综合国力不断提升，成为工农业产品的主要输出大国，我国已成为世界第二大经济体、第一大货物出口国和第一大外汇储备国。党的十八大以来，我国经济发展平衡性、协调性、可持续性明显增强，国内生产总值突破百万亿元大关，人均国内生产总值超过一万美元，国家经济实力、科技实力、综合国力跃上新台阶，我国经济迈上更高质量、更有效率、更加公平、更可持续、更为安全的发展之路。中国仅用几十年时间就走完发达国家几百年走过的工业化历程，创造了经济快速发展和社会长期稳定两大奇迹。我国的国际传播影响力、中华文化感召力、中国形象亲和力、中国话语说服力、国际舆论引导力也在不断提高。在民族凝聚力方面，中国共产党领导全国各族人民在坚持中国特色社会主义道路上解决地区发展不平衡问题，以现状为立足点，以问题为导向，实事求是。在脱贫攻坚和全面建成小康社会进程中，打造了东西部对口扶贫协作帮扶的“闽宁模式”，演绎了广东珠海与云南怒江对口帮扶、守望相助的“江海情深”。在抗击新冠肺炎疫情中，各族人民团结一心、共克时艰，凝聚中华民族伟大力量的抗疫精神，充分展现了中华民族互帮互助的优良传统。各民族同甘共苦、同舟共济、精诚团结、和睦相处、相辅相成，共同打造了中华民族相互促进、相得益彰的生动局面。在人民生活水平上，习近平总书记多次强调：“人民对美好生活的向往就是我们的奋斗目标。”党的十八大以来，以习近平同志为核心的党中央高度重视社会建设，以保障和改善民生为重点加强社会建设，抓重点、补短板、强弱项，在幼有所育、学有所教、劳有所得、病有所医、老有所养、住有所居、弱有所扶上持续攻坚，加强和创新社会治理，使人民获得感、幸福感、安全感更加充实。党带领中国人民迎来从站起来、富起来到强起来的历史性飞跃，人民对美好生活的向往不断变为现实。党领导人民不懈奋斗、不断进取，成功开辟了实现中华民族伟大复兴的正确道路。在中国共产党的有力领导下，我国综合国力不断增强，国际地位不断提升，民族越来越团结，人民生活越来越美好，中华民族伟大复兴进入不可逆转的历史进程。

中国特色社会主义道路是创造人民美好生活、实现中华民族伟大复兴的康庄大道。脚踏中华大地，传承中华文明，走符合中国国情的正确道路，党和人民就具有无比广阔的舞台，具有无比深厚的历史底蕴，具有无比强大的前进定力。只要我们既不走封闭僵化的老路，也不走改旗易帜的邪路，而是坚定不移走中国特色社会主义道路，就一定能够把我国建设成为富强民主文明和谐美丽的社会主义现代化强国。

结束语

坚定不移走中国道路

道路问题直接关系党和人民事业的兴衰成败。一百年来，党领导人民不懈奋斗、不断进取，成功开辟了实现中华民族伟大复兴的正确道路。我们党坚持和发展中国特色社会主义，成功走出中国式现代化新道路，创造了人类文明新形态，中国道路既坚持了社会主义，又坚持一切从实际出发，符合中国国情。历史和现实都充分证明，中国道路走得通、走得对、走得好，只有这条道路而没有别的道路，能够引领中国进步、增进人民福祉、实现民族复兴。今天，我们已胜利实现了第一个百年奋斗目标，正在意气风发向着全面建成社会主义现代化强国的第二个百年奋斗目标迈进。脚踏中华大地、传承中华文明，走符合中国国情的正确道路，党和人民就具有无比广阔的舞台，具有无比深厚的历史底蕴，具有无比强大的前进定力。新征程上，只要我们坚定道路自信，不为任何风险所惧，不为任何干扰所惑，既不走封闭僵化的老路，也不走改旗易帜的邪路，而是坚定不移走中国特色社会主义道路，坚持把国家和民族发展放在自己力量的基点上，走自己的路，就一定能够把我国建设成为富强民主文明和谐美丽的社会主义现代化强国。

后　记

“坚持中国道路”是100年来党领导人民进行伟大奋斗积累的宝贵历史经验。中国道路就是中国特色社会主义道路，是实现中华民族伟大复兴的唯一正确道路。方向已经明确，道路已经开通。我们现在正在以习近平同志为核心的党中央坚强领导下，昂首阔步、意气风发走在全面建设社会主义现代化强国的新征程上。在道路、方向、立场等重大原则问题上，我们要旗帜鲜明、态度明确，把国家和民族的命运牢牢掌握在自己手中，增强“四个意识”、坚定“四个自信”、做到“两个维护”，胸怀“国之大者”，沿着这条符合中国国情的正确道路继续前行。

本书由中共湖南省委党校（湖南行政学院）马克思主义学院组织编撰完成，王海峰（博士、教授）任主编，拟定全书框架和章节、负责书稿统稿和完善，周爱民（博士、教授）、王芝华（博士、教授）任副主编。书稿的具体分工如下：前言、第三章、第七章、结束语、后记：王海峰（博士、教授）；第一章：秦勃（博士、副教授）；第二章：王芝华（博士、教授）；第四章：龙转（讲师）；第五章：毛文璐（博士、副教授）；第六章：周爱民（博士、教授）。

我们编写这本小册子，思考还是初步的、探索性的。本书的编写，参考和借鉴了学术理论界诸多同仁的思想和成果，我们表示衷心的感谢！本书的出版，得到了湖南教育出版社的大力支持，我们表示衷心的感谢！由于编撰者水平有限，书中还存在一些不足，敬请读者谅解，也请读者对本书提出宝贵意见。

王海峰

2022 年 1 月

图书在版编目(CIP)数据

制胜之道. 坚持中国道路 / 曹健华总主编. —长沙：湖南教育出版社，2022. 2
ISBN 978-7-5539-8764-4

Ⅰ. ①制…　Ⅱ. ①曹…　Ⅲ. ①中国共产党—党的建设—研究　Ⅳ. ①D26

中国版本图书馆 CIP 数据核字（2022）第 031971 号

书　　名	制胜之道·坚持中国道路 ZHISHENG ZHI DAO·JIANCHI ZHONGGUO DAOLU
总 主 编	曹健华
本册主编	王海峰
责任编辑	汪文达
责任校对	王怀玉
装帧设计	杨发凯
出版发行	湖南教育出版社(长沙市韶山北路 443 号)
网　　址	www.hneph.com
电子邮箱	hnjycbs@ sina.com
客服电话	0731-85486979
经　　销	湖南省新华书店
印　　刷	长沙超峰印刷有限公司
开　　本	787 mm×1092 mm　32 开
印　　张	8. 25
字　　数	92 000
版　　次	2022 年 2 月第 1 版
印　　次	2022 年 2 月第 1 次印刷
书　　号	ISBN 978-7-5539-8764-4
定　　价	35. 00 元